신·중년을 위한

# 스마트폰 쉽게 배우기

최신판

대한민국 대표브랜드

국가자격 시험문제 전문출판

에듀크라운
국가자격시험문제 전문출판
www.educrown.co.kr

CROWN Publishing.co

최고의 적중률!! 최고의 합격률!!
크라운출판사
국가자격시험문제 전문출판
http://www.crownbook.com

# 저자 소개

## 오 경 순

- (주) 한국스마트교육원 원장
- 스마트폰, SNS, ICT, 마케팅 강사
- 공동체 IT 사회적 협동조합 교육 이사
- (사) 관악구소기업소상공인회 이사
- 관악소상공인 SNS 아카데미 대표/전임강사
- 여의도 어르신복지센터 스마트폰 강사
- 서울시 50플러스 남부캠퍼스 SNS 마케팅 강사
- 영등포 50+ 센터 스마트폰강사양성과정 강사
- 사회적기업 아시안허브 글로벌소셜큐레이터 강사
- 경찰전직지원센터 ICT 과정 강사
- SNS 마케팅지도사 1급/2급 출제위원
- 스마트폰활용지도사 1급/2급 출제위원

**Tel :** 010-8929-8801

**E-mail :** ksoh1114@gmail.com


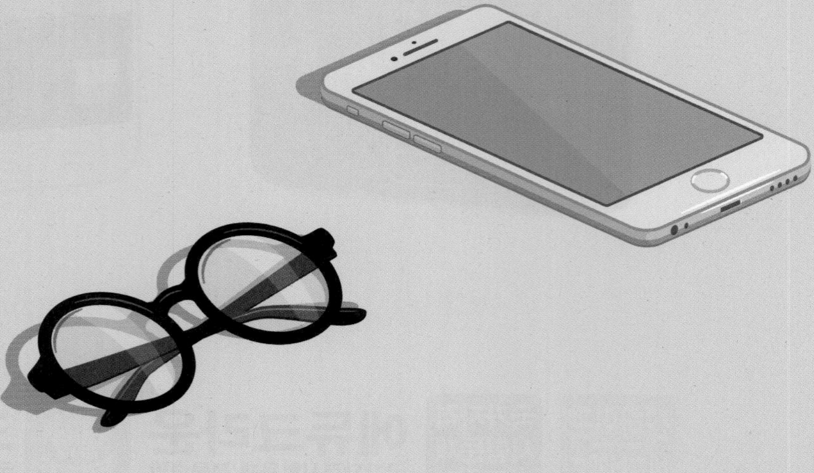

# 이 책을 펴내며…

요즘은 스마트라는 말이 대세인 것 같습니다. 2018년 4월 현재 우리나라의 스마트폰 보급률은 93% 이상으로, 전체 인구 중 3900만 명이 손 안의 컴퓨터인 스마트폰을 가지고 있습니다.

오랫동안 스마트폰 활용법을 강의하면서 제대로 된 지침서가 없어 아쉬워하는 수강생들을 보며 쉽고 재미있는 스마트폰 활용서를 만들어야겠다고 생각했습니다. 이제는 중장년들도 스마트폰을 거의 가지고 계시는데 중장년층의 수준에 맞춘 활용서가 절실히 필요한 실정입니다.

이 책은 스마트폰 왕초보부터 중급 이상 활용자까지 볼 수 있도록 만들었습니다. 특히 어려운 단어나 불필요한 글은 되도록 줄이고 이미지 위주로 구성하여 그림대로 따라하기만 하면 사용할 수 있도록 만들었습니다.

스마트폰을 알면 무궁무진한 세계가 내 눈앞에 펼쳐집니다. 스마트폰 활용법을 알면 생활이 편리해지고, 내게 필요한 정보를 쉽게 얻을 수 있습니다. 그렇다면 어떻게 활용해야 이 똑똑한 스마트폰을 100% 활용 할 수 있을까요? 이 책을 한 장 한 장 넘기다 보면 어느새 스마트폰 고급 유저로 변해있을 것입니다. 현 시대에 적응하며, 내가 탈 버스가 언제 올지 미리 알고, 지갑을 가지고 다닐 필요 없이 물건을 사고, 낯선 곳에서 헤맬 필요도 없습니다. 이뿐만 아니라 하고 싶은 많은 것이 스마트폰으로 해결됩니다.

어디서나 스마트폰만 있으면 무엇이든 하고 싶은 것을 다 할 수 있는 세상입니다. 지금 이 책과 함께 빨리 열어 보세요.

재미있는 스마트폰 세상이 보입니다.

저자 드림

# CONTENTS

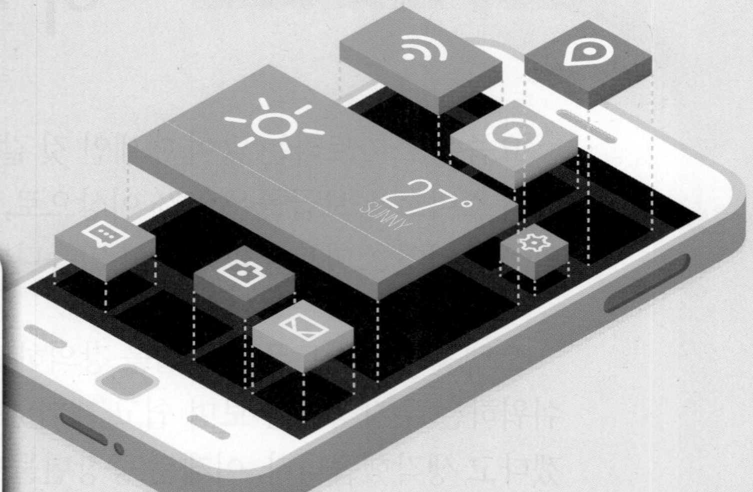

## 제6장 스마트폰 가볍게 하기



## 제7장 지도 및 교통 서비스 이용하기



## 제8장 생활이 편리한 스마트폰 앱 활용하기



## 제9장 카메라로 사진 찍고 편집하기



## 부록

# 제 1 장

# 스마트폰의 구조 알기

Step 1 스마트폰이란?

Step 2 스마트폰 살펴보기

Step 3 스마트폰의 버튼 기능 알기

Step 4 스마트폰의 화면 구성 알기

# Step 01 스마트폰이란?

스마트폰(Smart Phone)은 컴퓨터에 휴대 전화 기능을 결합한 손 안의 컴퓨터입니다. 그래서 컴퓨터에 들어 있는 부품들 즉 CPU, 메모리(Memory), 그래픽, 디스플레이 등이 스마트폰에도 동일하게 들어가 있습니다.

예전에는 컴퓨터가 없으면 인터넷을 사용할 수 없었는데 이제는 스마트폰이 있어 이동 중에도 인터넷으로 내가 원하는 무궁무진한 정보를 찾아볼 수 있고 종이나 전선 없이도 글이나 사진, 음악, 영상 등 수많은 것들을 주고받을 수 있습니다. 뿐만 아니라 문서 작업 및 영상 편집까지 셀 수 없이 많은 일들을 스마트폰으로 할 수 있습니다.

'스마트하다'는 말은 바로 인터넷에 접속할 수 있는 작은 스마트폰을 가지고 자유자재로 원하는 일을 할 수 있다는 뜻입니다. 컴퓨터에 운영체제(OS, Operating System) 즉 윈도우, 리눅스, Mac OS 등이 있듯이 스마트폰에도 운영체제가 있는데 크게 애플의 iOS와 구글의 안드로이드로 나눌 수 있습니다. 또한, 컴퓨터에 필요한 프로그램을 설치해 사용하듯이 스마트폰에도 애플리케이션(앱스)을 설치해 무궁무진하게 원하는 것을 할 수 있습니다.

이 책은 갤럭시 노트 5 안드로이드 7.0 버전을 중심으로 설명합니다.

## Step 02 스마트폰 살펴보기

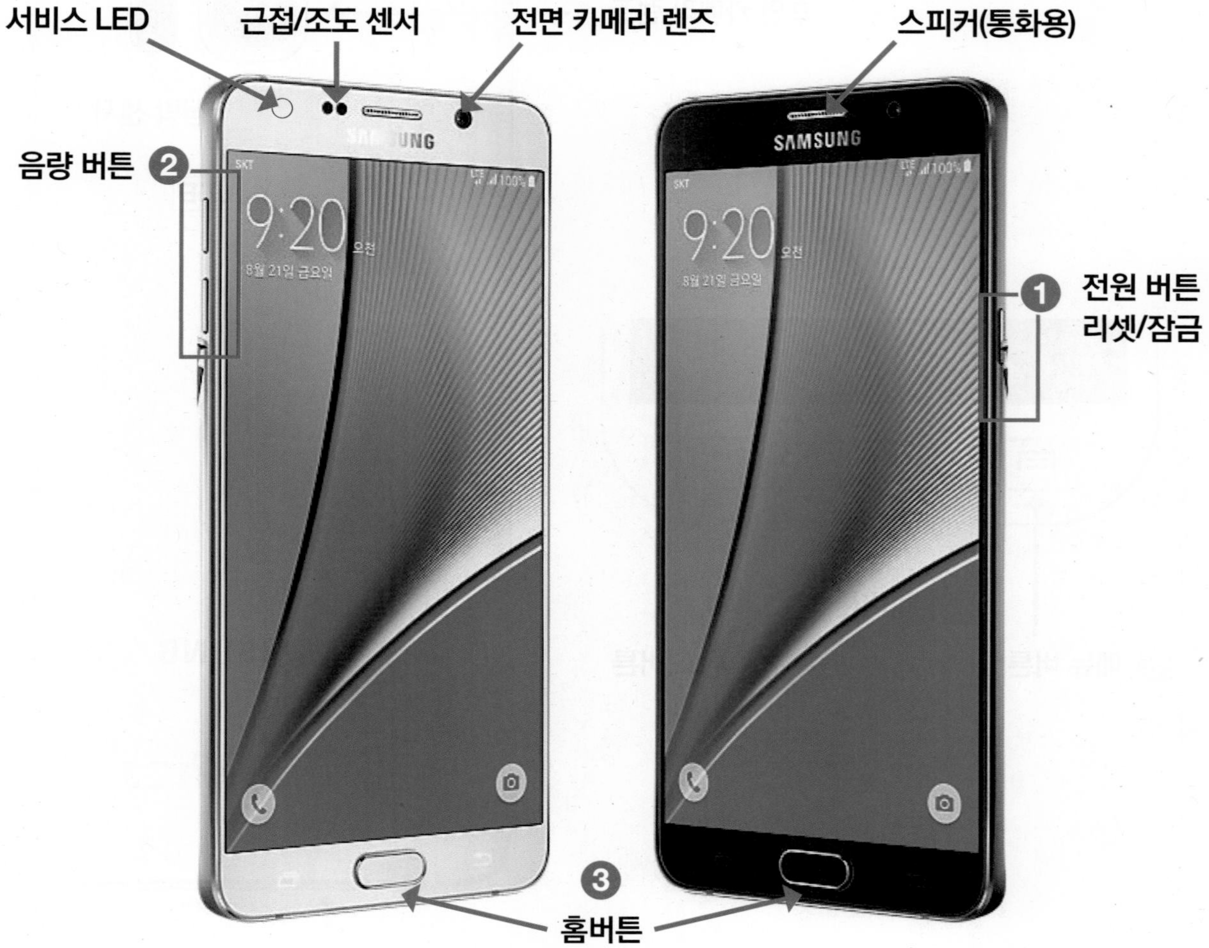


### ❶ 전원 버튼

스마트폰이 느려지거나 오작동을 할 때 전원 버튼을 2초 이상 길게 눌러 전원을 껐다 켭니다. 화면을 캡처할 때 전원 버튼과 홈 버튼을 동시에 누릅니다.

### ❷ 음량 버튼

벨소리 볼륨 및 음악, 동영상 등의 미디어/앱 볼륨을 높이거나 줄일 수 있습니다.

### ❸ 홈 버튼

실행되고 있는 앱을 종료하여 언제든지 홈 화면으로 이동할 수 있도록 해줍니다.

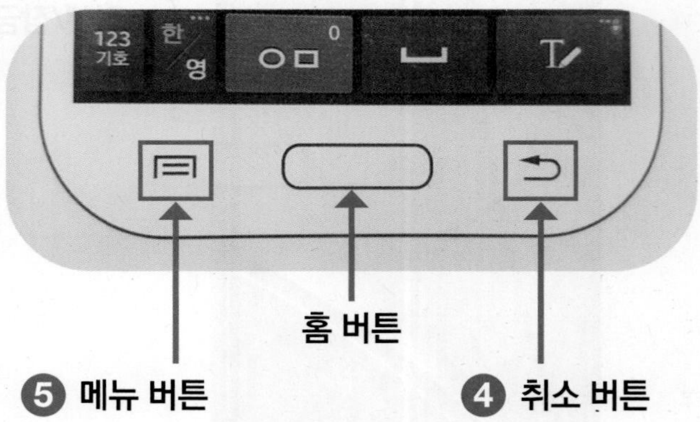

### ❹ 취소 버튼

응용 프로그램을 바로 이전 단계로 되돌릴 수 있도록 해줍니다.

### ❺ 메뉴 버튼

안드로이드폰에만 존재하며 현재 실행되어 있는 응용 프로그램에 관련된 메뉴 목록을 열어주는 기능을 합니다.

# Step 03 스마트폰의 버튼 기능 알기

## ① 전원 버튼 조작하기

## ❷ 홈 버튼 조작하기

가볍게
살짝 누름

실행되고 있는 앱을 종료하여 홈 화면으로 되돌아올 때

2초 이상
길게 누름

무엇이든 물으면 대답해 주는 인공지능 챗봇인 구글 어시스턴트가 열립니다.

**빠르고 짧게 두 번 터치**

카메라 설정에서 '빠른 실행'을 켠 상태라면 카메라가 실행됩니다.

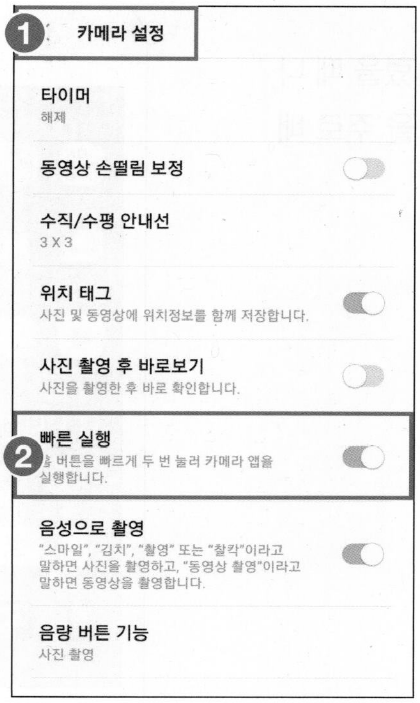

## ❸ 설정 버튼 알기

설정

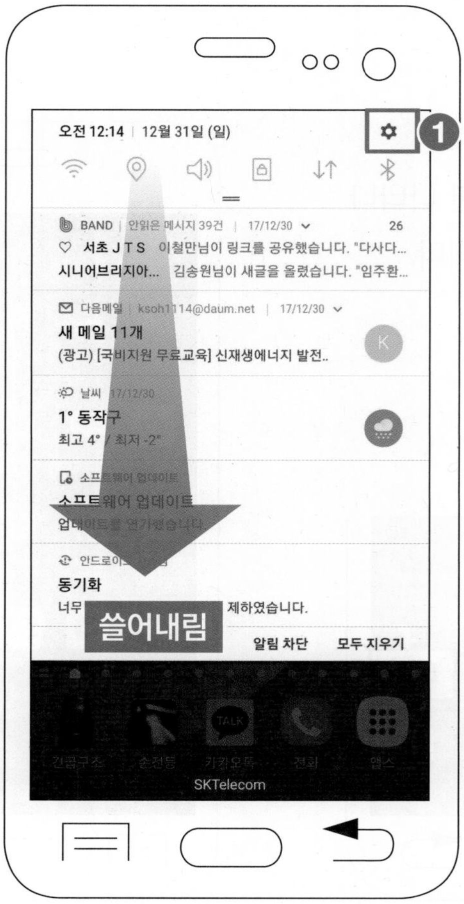


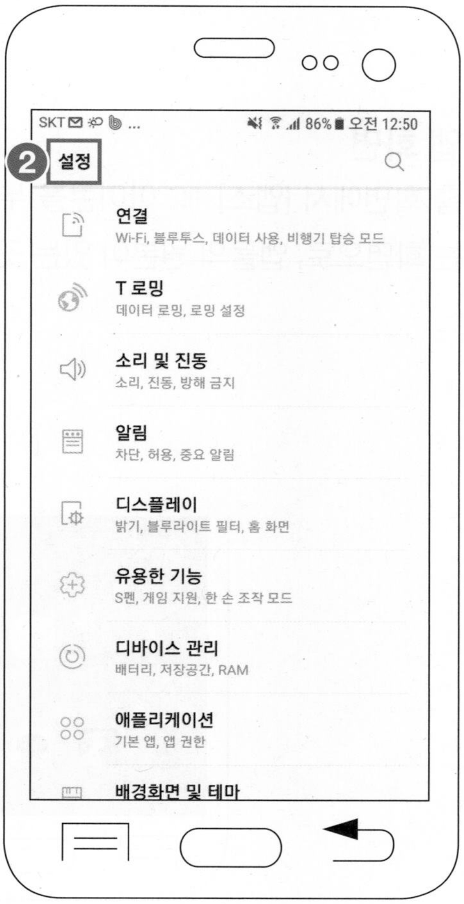

# Step 04 스마트폰의 화면 구성 알기

## ❶ 홈 화면

스마트폰을 켜거나 홈 버튼을 짧게 눌렀을 때 나오는 화면으로 자주 사용하는 어플들을 주로 배치합니다.

## ❷ 앱 화면

홈 화면에서 [앱스] 아이콘을 누르면 나타나는 화면으로, 앱들의 원본이 있는 곳입니다.

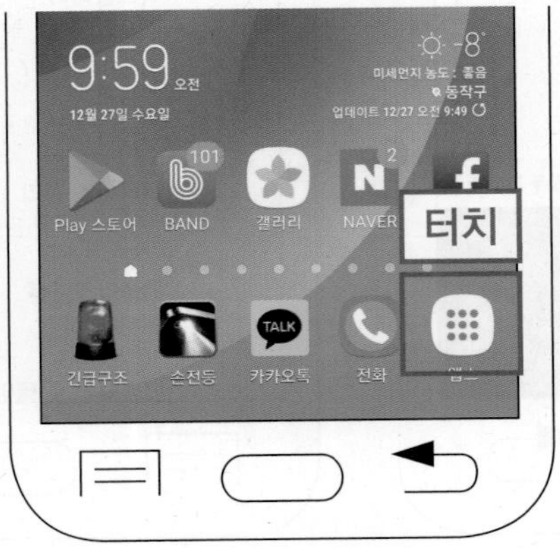

## ③ 위젯 화면

위젯이란 시계나 날씨 등 스스로 독립적으로 기능하는 어플을 말합니다.

## ④ 알림창 화면

알림창 화면은 스마트폰 상단을 가볍게 쓸어 내리면 열립니다.

## ! 꼭 필요한 알림만 받기

너무 많은 앱 알림을 받다 보면 정작 꼭 필요한 문자나 전화 등의 알림을 놓칠 수 있습니다.

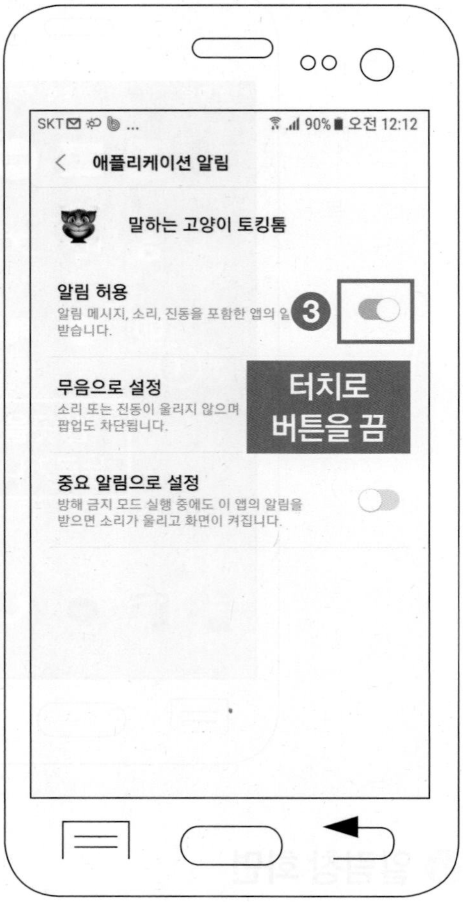

훌륭한 세일즈맨이란

더 많이 사도록 강요하는 것이 아니라,

고객이 다시 찾도록 하는 사람이다.

피어갈 퀸(식품소매점 '슈퍼퀸')

## ⑤ 빠른 실행 창

1. 무료로 무선 인터넷을 사용할 때 터치하여 켭니다.
2. 스마트폰의 위치를 추적할 수 있습니다.
3. 소리를 켜거나 진동 또는 무음으로 설정합니다.
4. 스마트폰을 가로 보기, 세로 보기 할 때 터치합니다.
5. 유료로 데이터나 인터넷을 연결할 때 켭니다.
6. 블루투스 스피커나 장비들을 연결할 때 켭니다.
7. 스마트폰의 데이터를 다른 기기에 나누어 쓸 때 켭니다.
8. T-money, NFC 등 모바일 결제 서비스에 사용합니다.
9. 쉽게 손전등을 찾아 켭니다.
10. 배터리 사용 가능 시간을 늘릴 때 절전 모드를 켭니다.
11. 화면 밝기와 해상도를 초고화질로 변경합니다.
12. 전화나 문자 등 모든 통신을 차단합니다.
13. 화면 밝기를 조절합니다.
14. 버튼 순서 변경 등 빠른 설정 창을 구성합니다.
15. 스마트폰 환경 설정 아이콘입니다.

# 제 2 장

# 스마트폰 기본 조작하기

# Step 01 터치로 조작하기

스마트폰을 작동하는 방법으로는 손가락 터치와 음성 인식 기능으로 마이크에 명령하는 방법이 있습니다. 여기서는 터치로 조작하는 법을 알아보겠습니다.

**터치(탭)**
앱을 실행하거나 원하는 걸 선택할 때 살짝 누릅니다.

**롱탭(2초 이상 누르기)**
원하는 곳을 길게 누르면 숨은 기능이 실행됩니다.

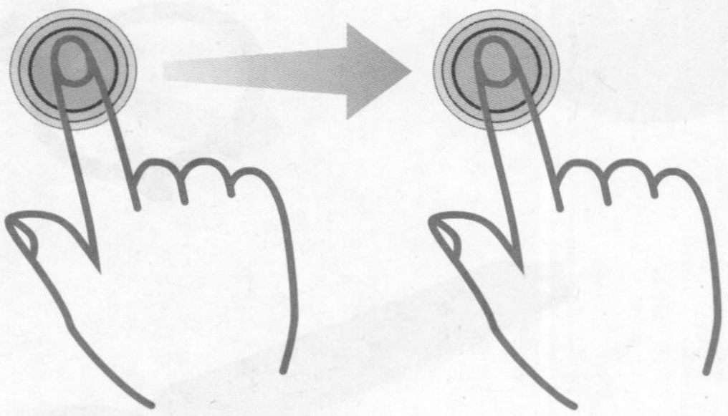

**드래그**
선택 후 길게 누른 상태에서 원하는 곳까지 끌고 가서 놓습니다.

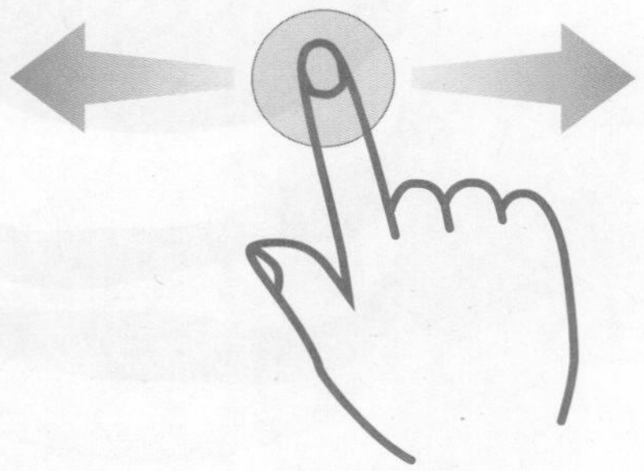

**특정 방향으로 쓸기**
선택 후 원하는 곳까지 강하게 밀어냅니다. 긴 페이지를 빠르게 이동할 때 동작합니다.

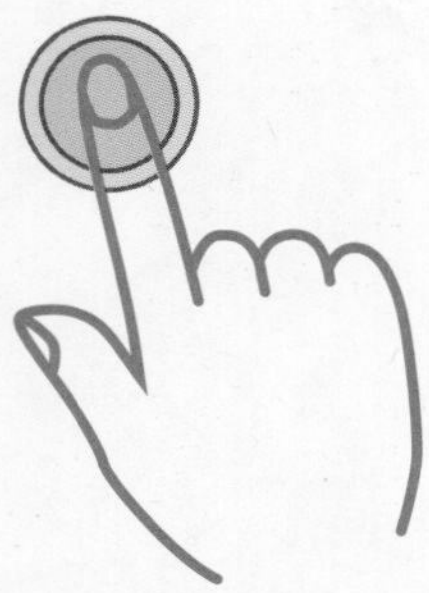

**빠르게 두 번 누르기**
웹페이지, 사진, 지도에서 화면을 빠르게 두 번 눌러 화면을 확대 및 축소할 수 있습니다.

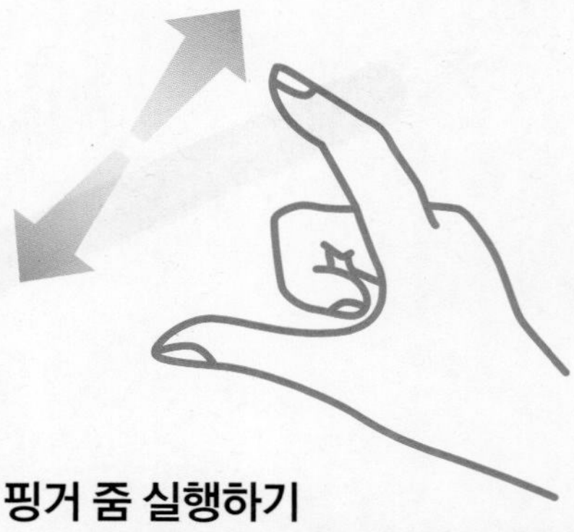

**핑거 줌 실행하기**
사진, 웹페이지 등에서 두 손가락을 오므리거나 벌려 화면을 확대하거나 축소합니다.

## Step 02 와이파이 설정하기

와이파이는 무료로 인터넷을 연결할 때 켭니다.

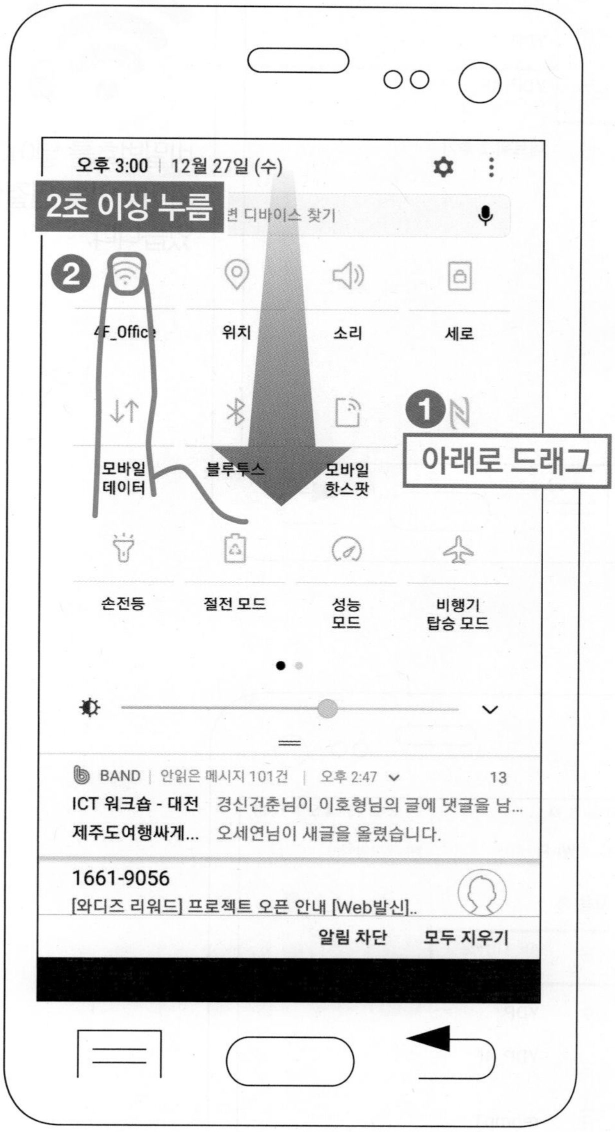

**와이파이 사용 중**
와이파이를 켤 때는 이 부분을 2초 이상 길게 누릅니다.

**와이파이 연결이 끊어짐**
와이파이를 끌 때는 이 부분을 가볍게 터치합니다.

미끼로써 고기를 낚으면 고기를 잡을 수 있고,

녹(祿)으로 인재를 모으면 천하의 인재를 남김없이 부를 수 있다.

강태공(姜太公)

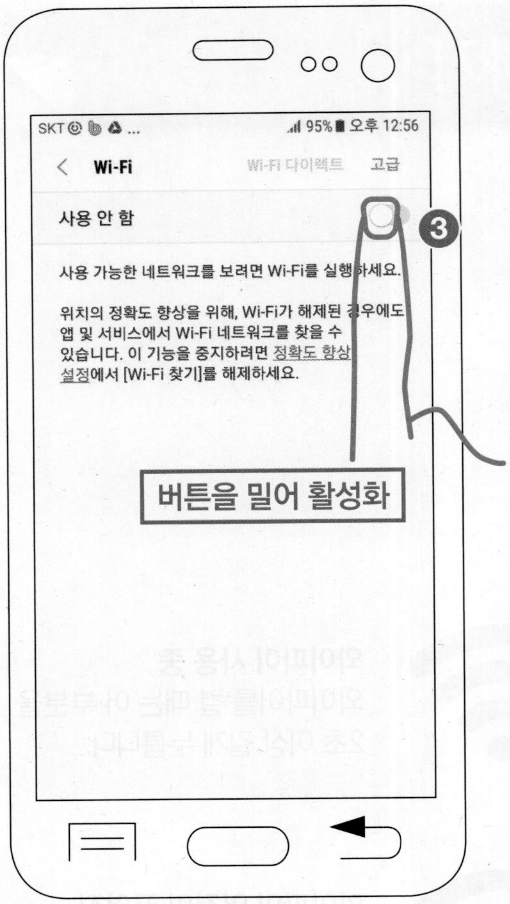


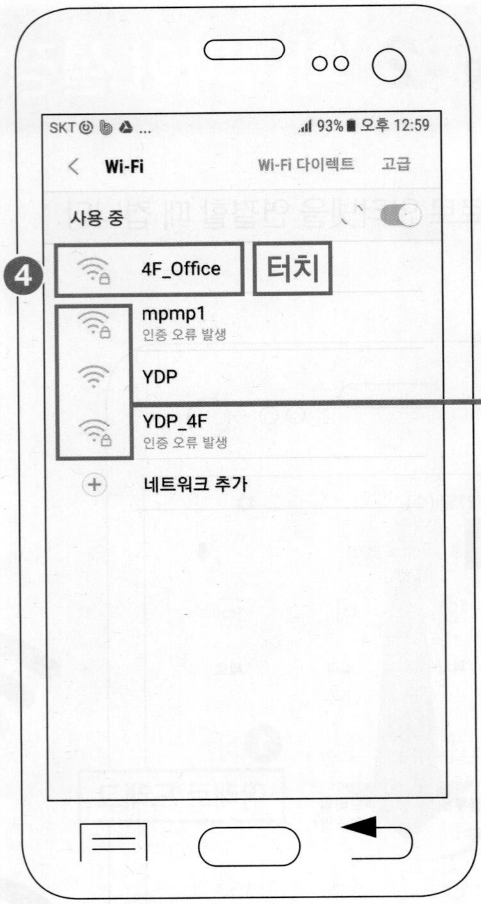


**보안 설정된 와이파이**

비밀번호를 넣어야 와이파이를 연결할 수 있습니다.

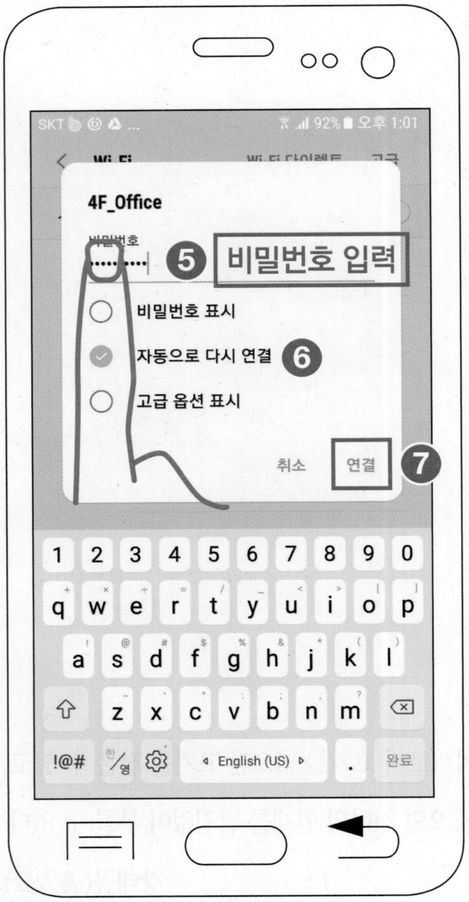


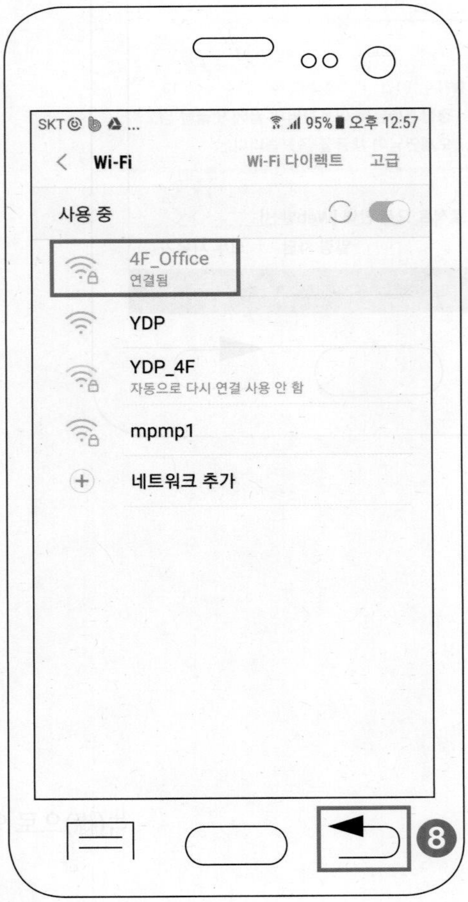

# Step 03 홈 화면 구성하기

## ❶ 앱 이동하기

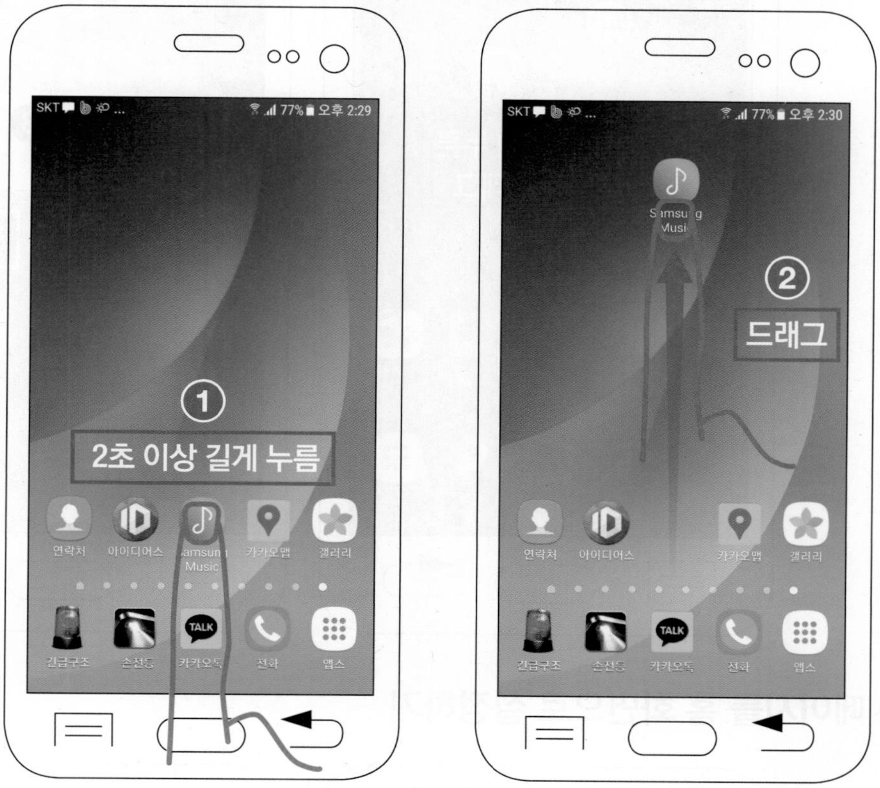


## ❷ 다른 페이지로 앱 이동하기

## ❸ 앱 삭제하기

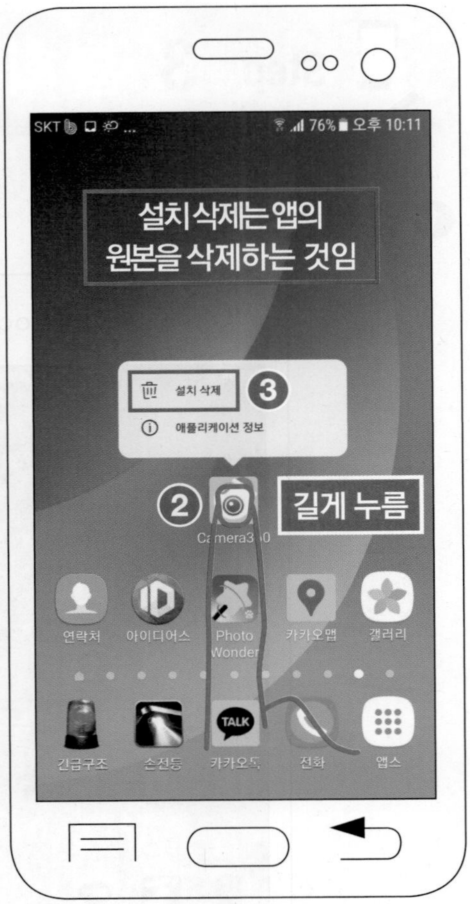


## ❹ 원하는 페이지를 홈 화면으로 설정하기

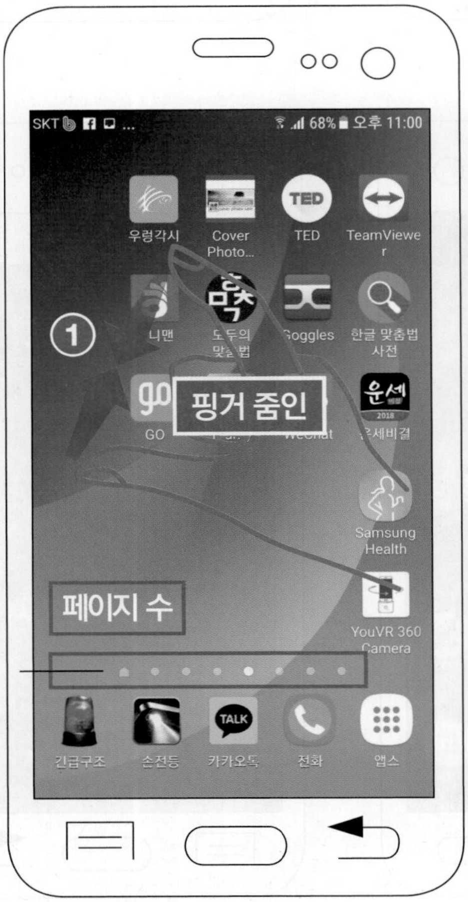

## ⑤ 홈 화면의 페이지 수 줄이고 늘리기

**Tip**

페이지를 통째로 버리면 그 안의 앱들도 바로가기가 삭제됩니다.

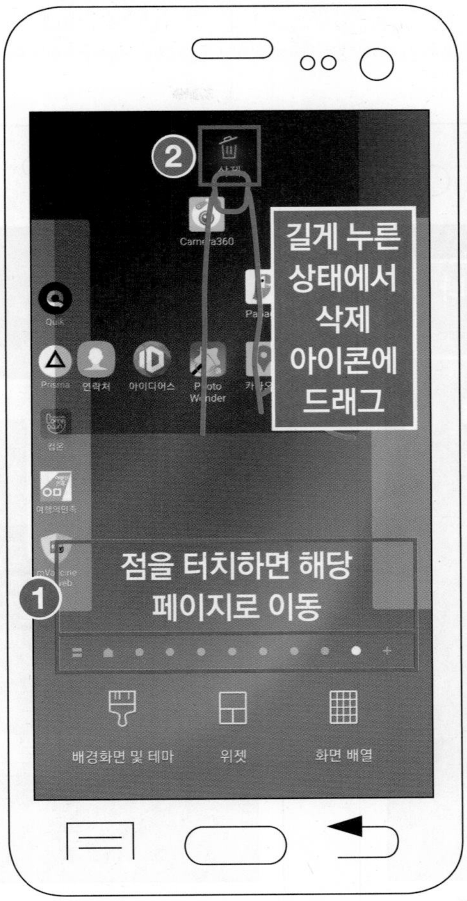


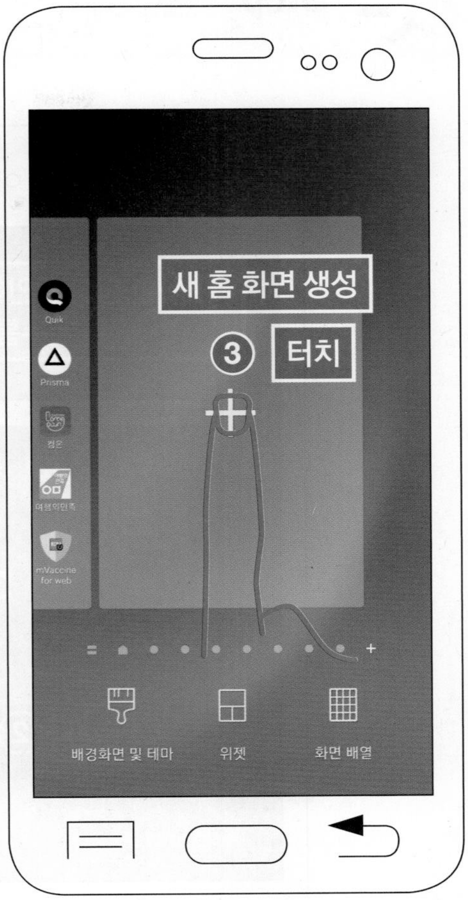


## ⑥ 폴더 만들기

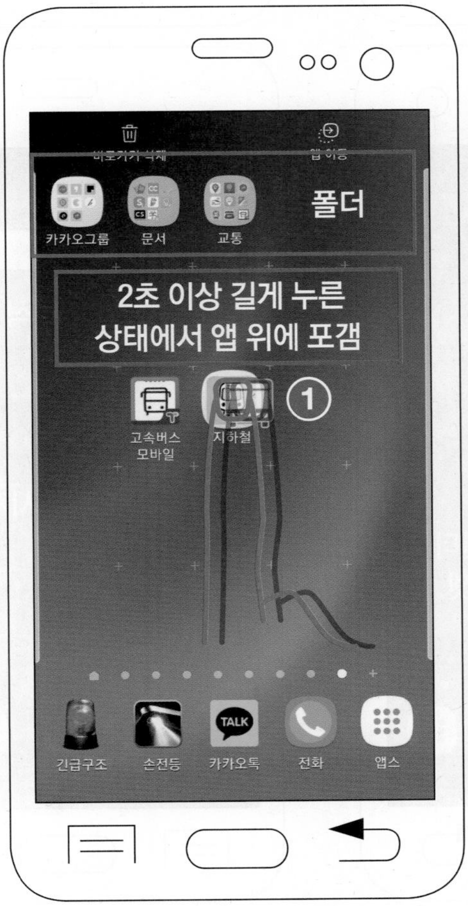


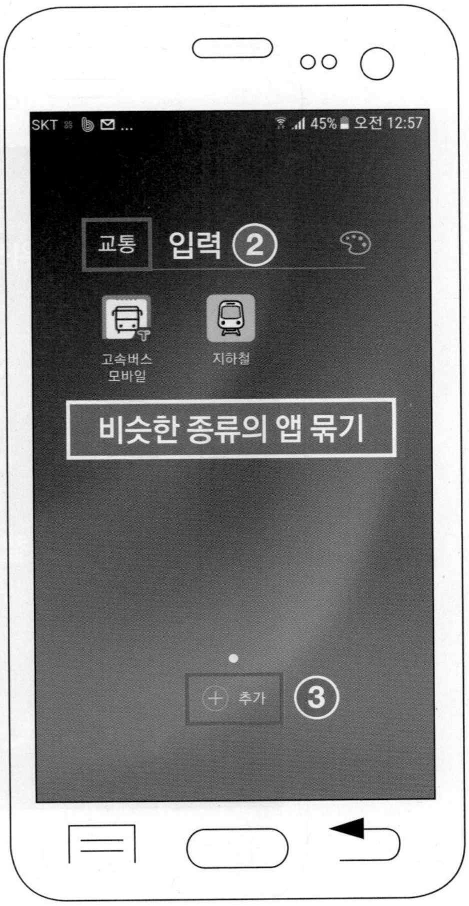

# Step 04 위젯 구성해 보기

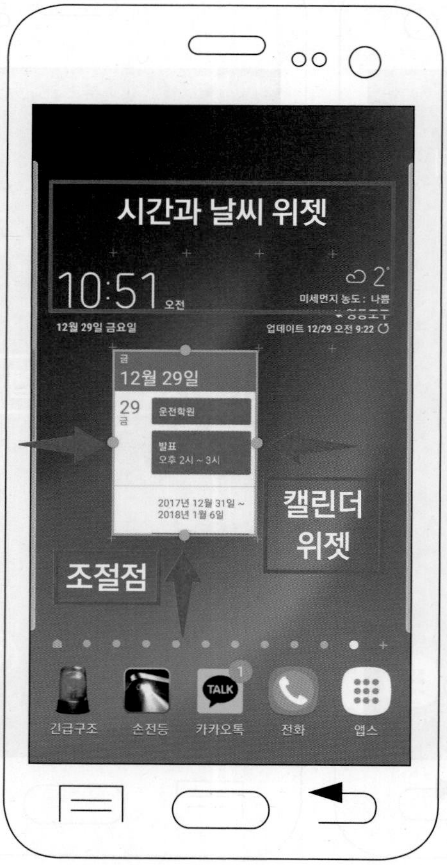


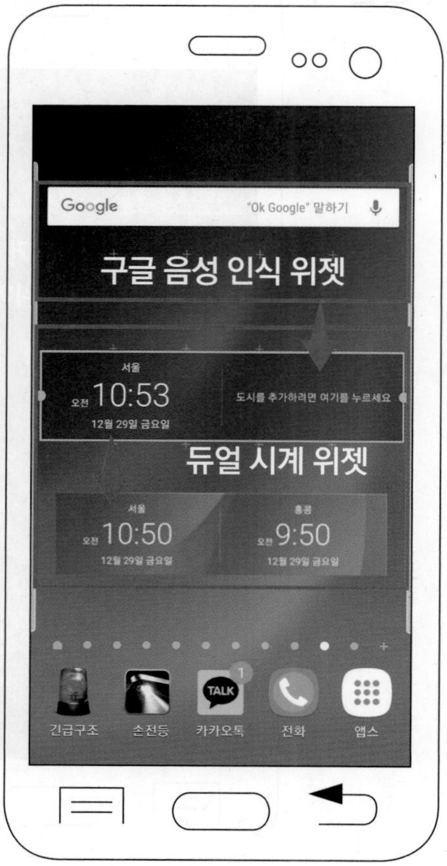

## Step 5 배경화면 바꾸기

# Step 06 화면 캡처하기

❶ 전원 버튼과 홈 버튼을 동시에 누릅니다.

❷ 기종에 따라 전원 버튼과 음량 버튼 하단을 동시에 누릅니다.

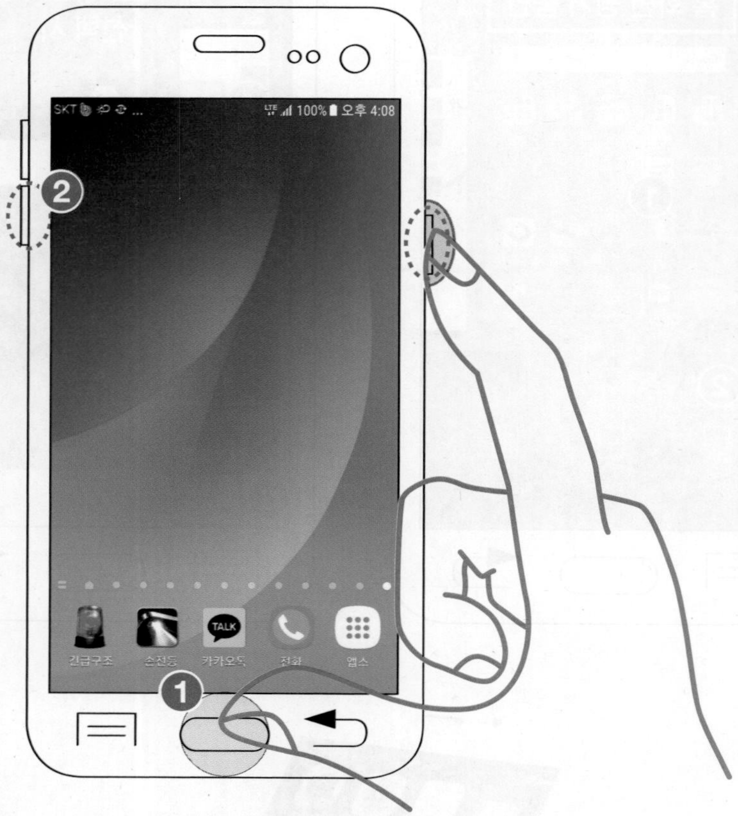


모든 일에 인정(人情)을 남겨두어라.

뒷날에도 서로 좋은 낯으로 보게 되리라.

<명심보감(明心寶鑑)>

# Step 07 앱 설치하기

# 제 3 장

# 스마트폰 환경 설정하기

Step 1 디스플레이 설정하기

Step 2 소리 설정하기

Step 3 키보드의 기능 활용하기

Step 4 네이버 검색창 글자 굵게 하기

Step 5 알림 기능 설정하기

Step 6 디바이스 관리하기

# Step 01 디스플레이 설정하기

## ❶ 화면 밝기 조절하기

설정

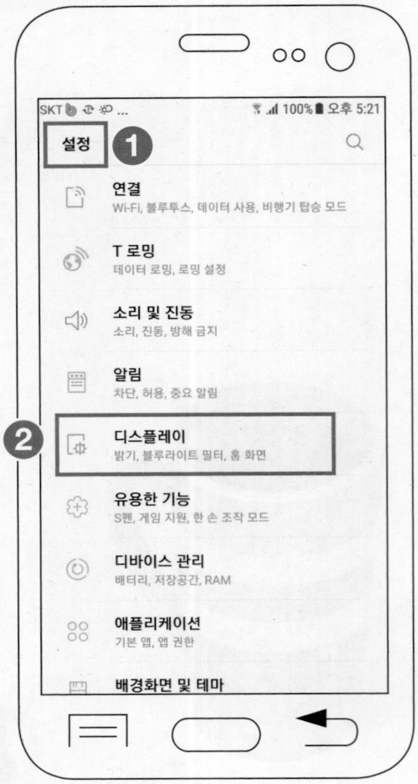


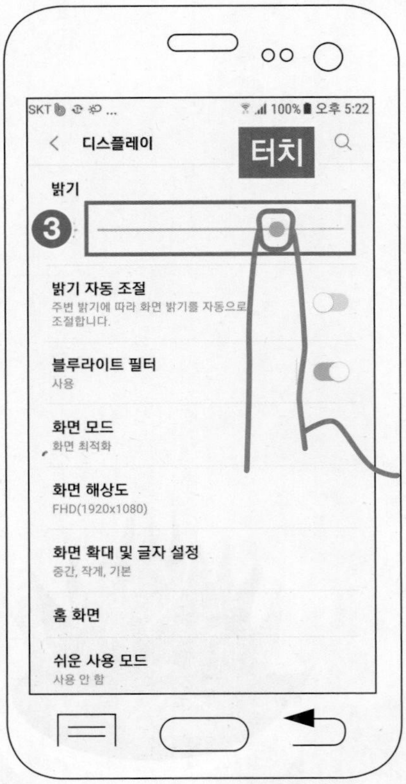


## ❷ 화면 글자 크기와 글꼴 바꾸기 : 설정 > 디스플레이 > 화면 확대 및 글자 설정

설정

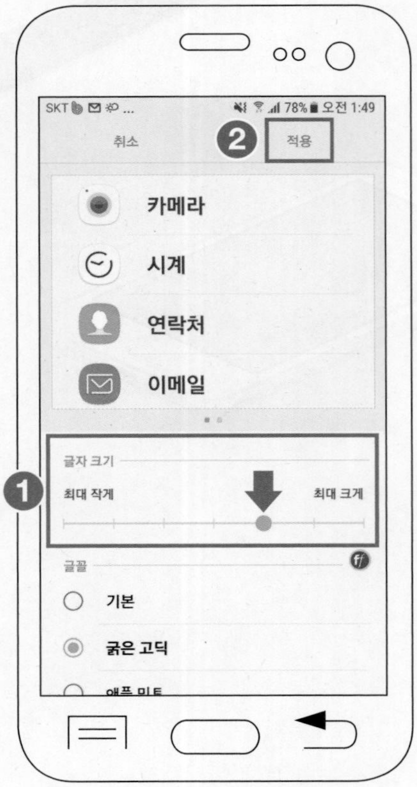


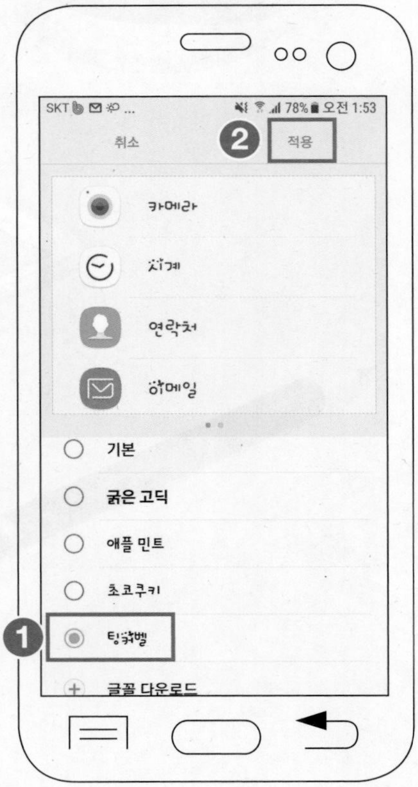

## ③ 문자 메시지 창 글자 키우기

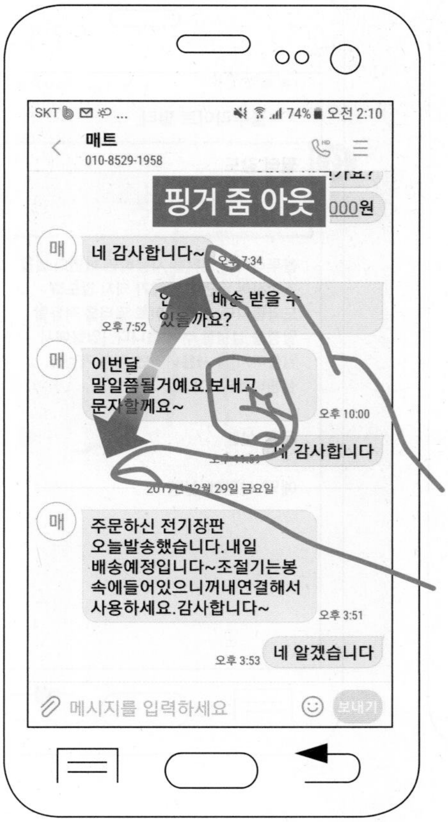


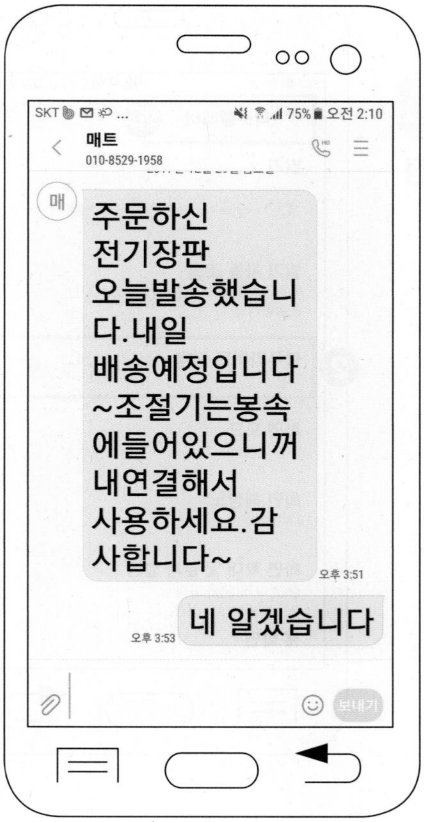


## ④ 화면 자동 꺼짐 시간 조절하기

설정 > 디스플레이 > 화면 자동 꺼짐 시간

**설정**

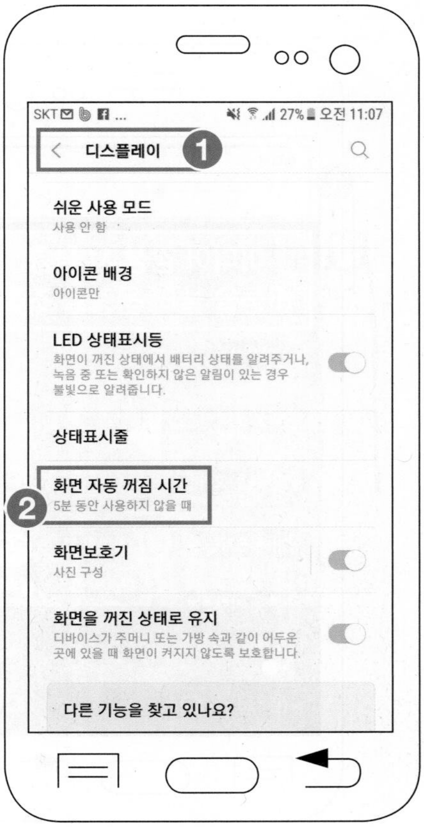


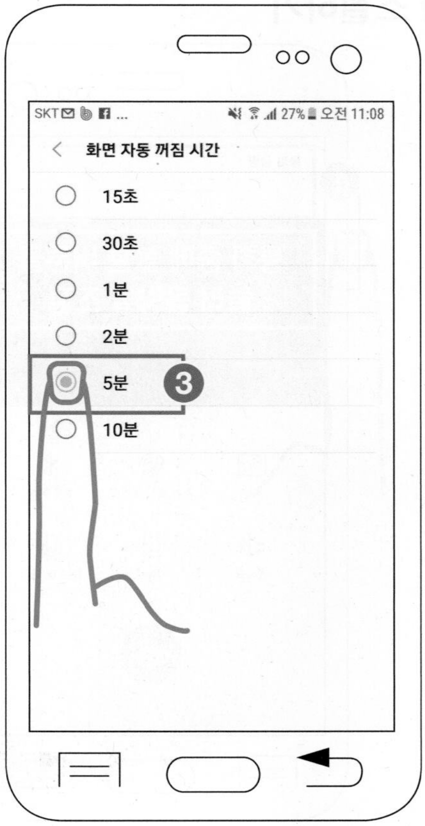

⑤ **블루라이트 필터 켜기** : 블루라이트는 눈을 피로하게 하므로 필터로 조절합니다.

## Step 02 소리 설정하기

① **음량 조절하기**

# Step 03 키보드의 기능 활용하기

## ❶ 마이크 설정하기 : 음성인식 기능으로 음성을 텍스트로 바꿀 수 있습니다.

설정

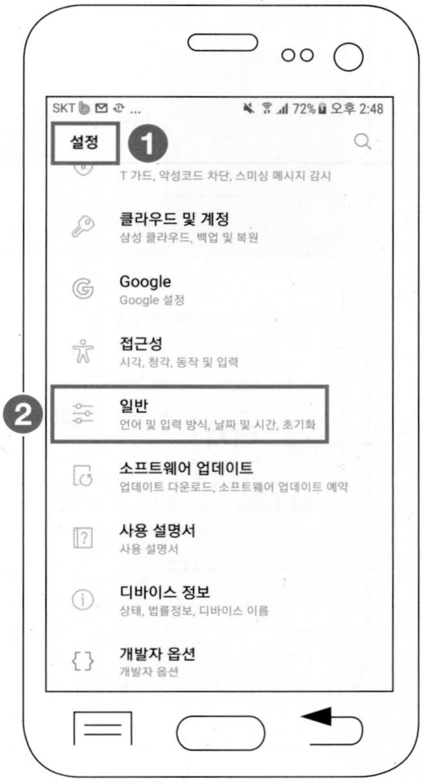


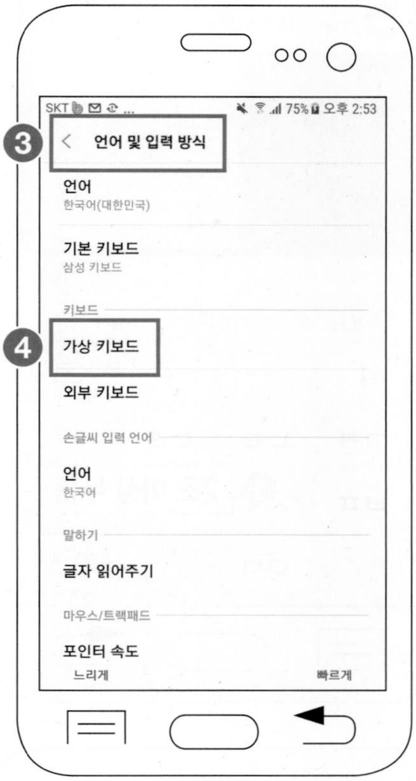


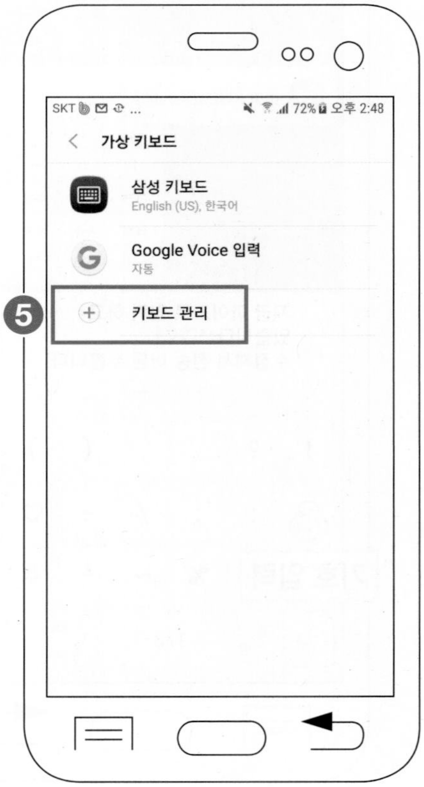


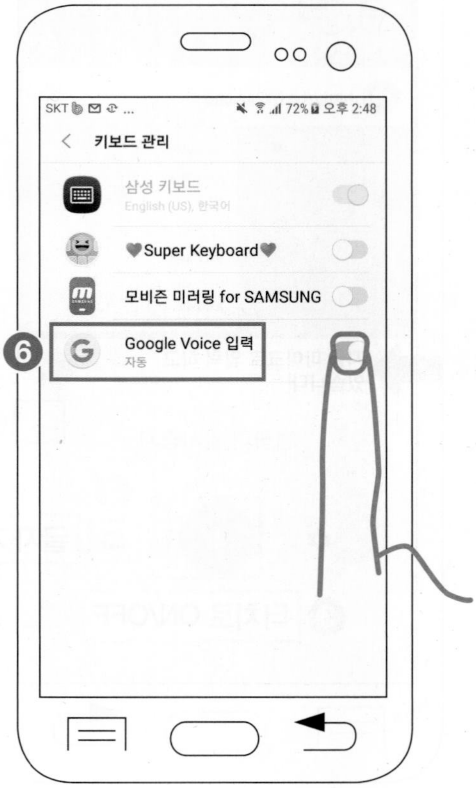

## ❷ 키보드의 마이크 사용해 보기

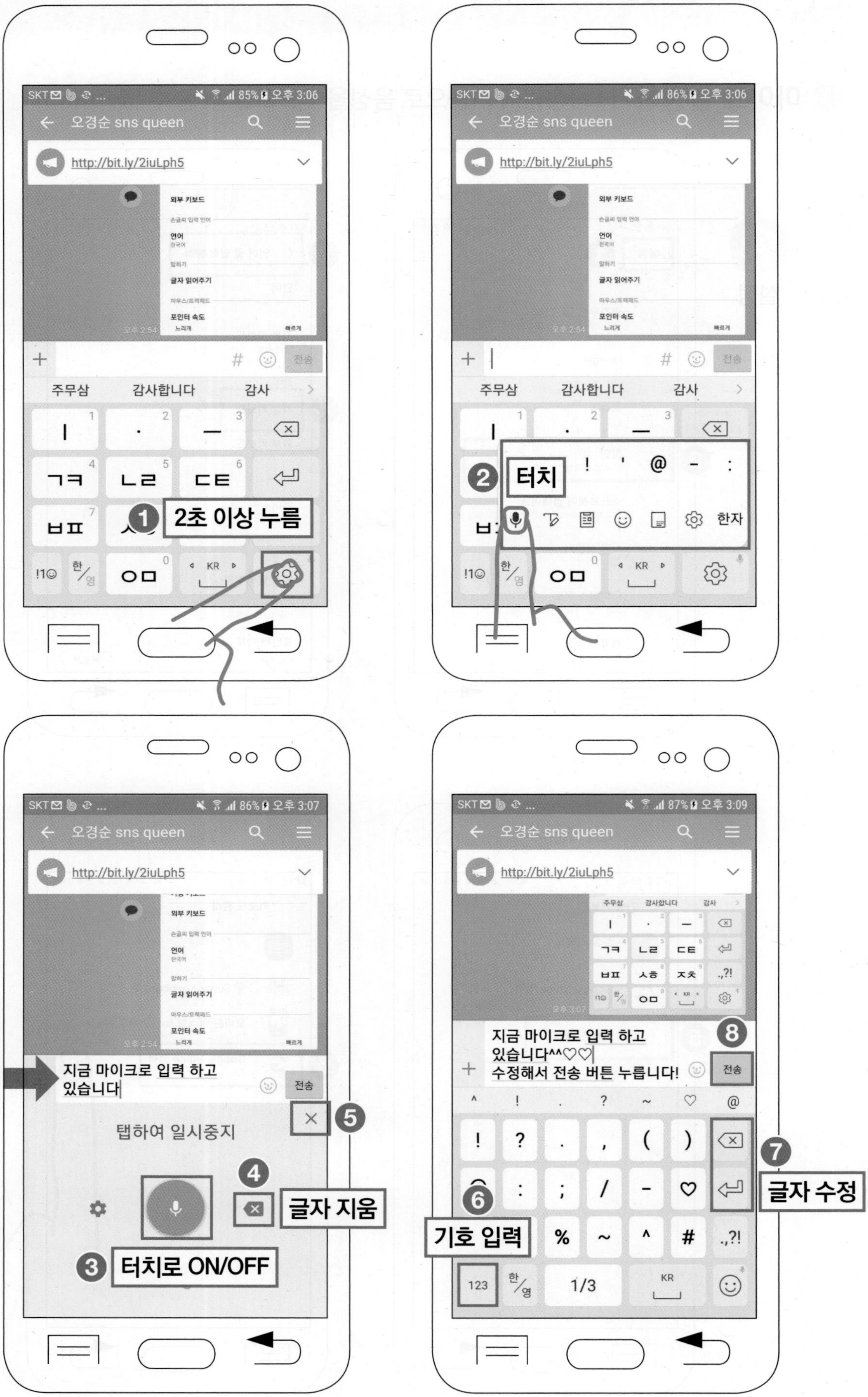

## ❸ 한글을 한자로 변환해서 입력하기

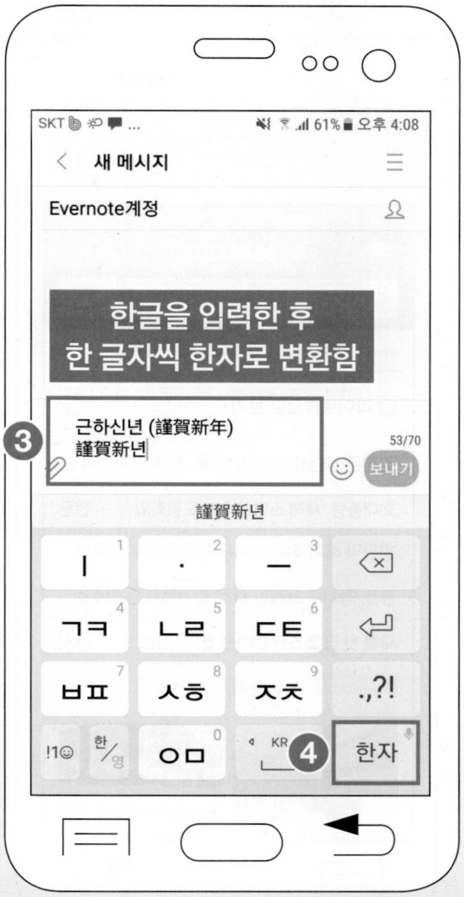

## Step 04 네이버 검색창 글자 굵게 하기

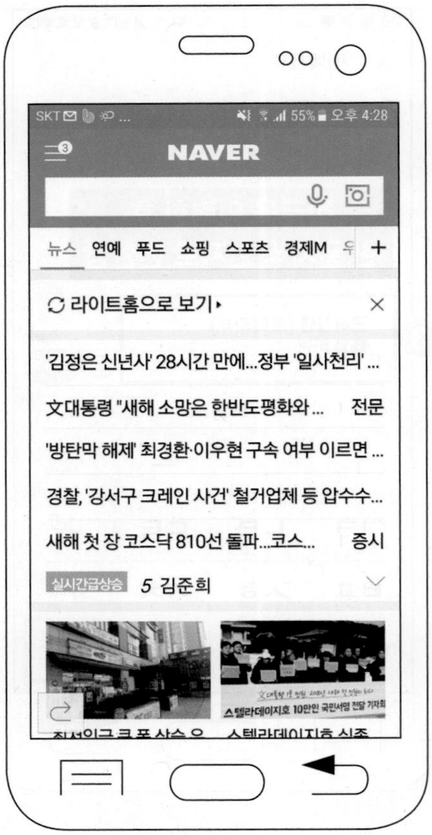

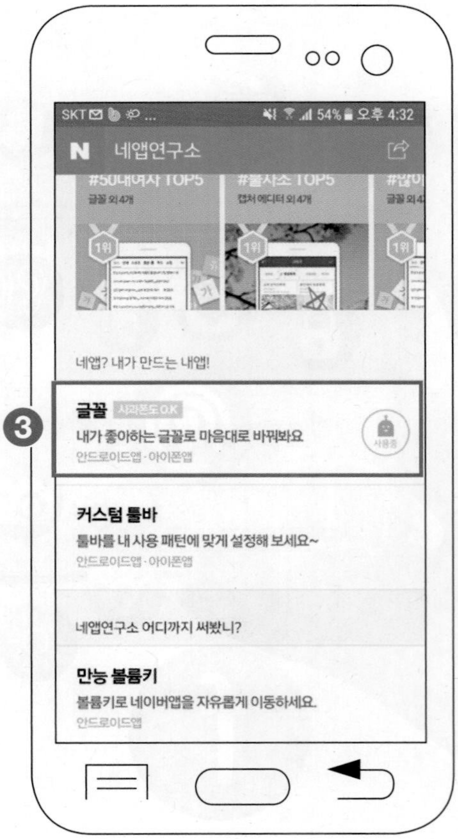

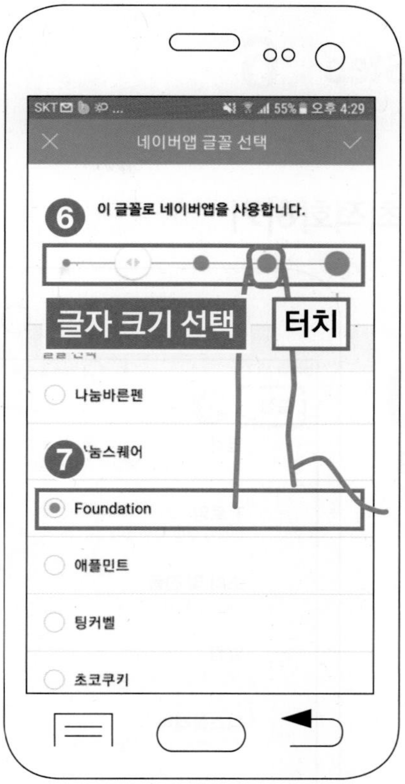


# Step 05 알림 기능 설정하기

중요한 알림을 실시간으로 확인하도록 설정할 수 있습니다.

설정

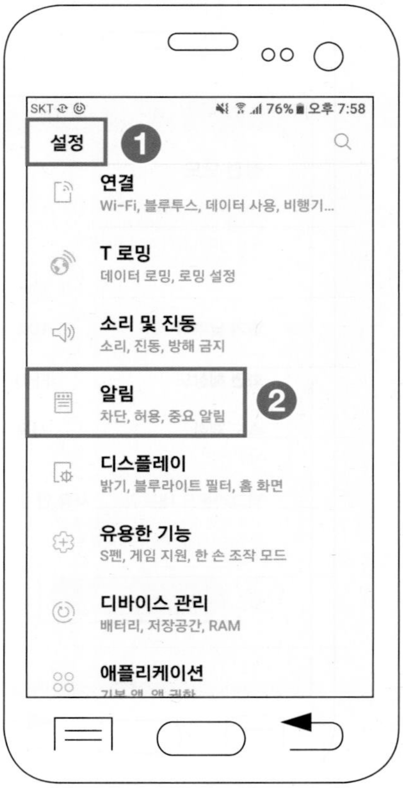

# Step 6 디바이스 관리하기

## ❶ 기기 최적화하기

설정

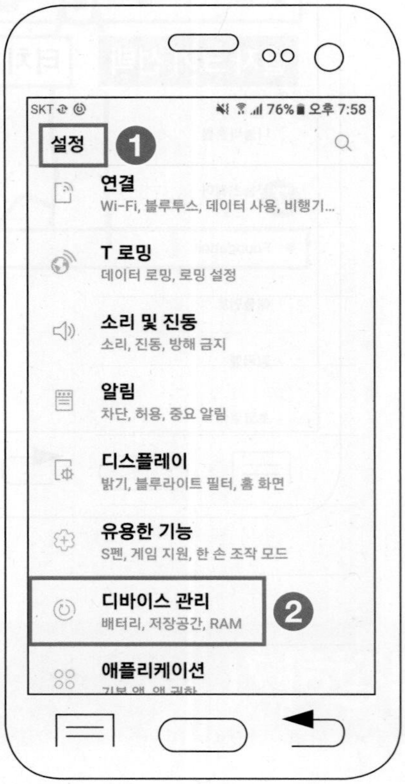


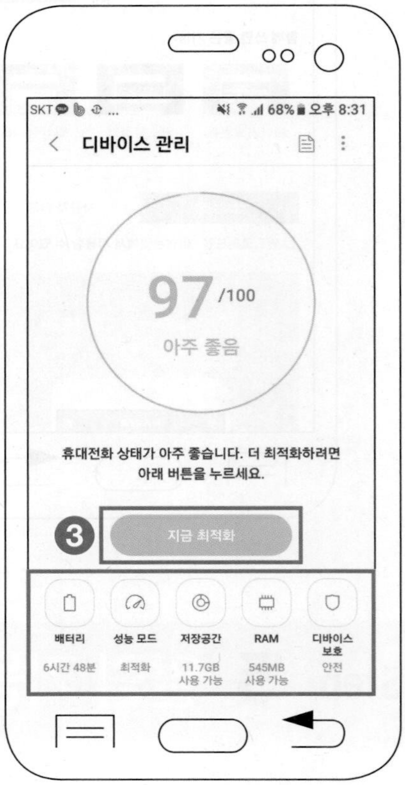


## ❷ 배터리 절약하기

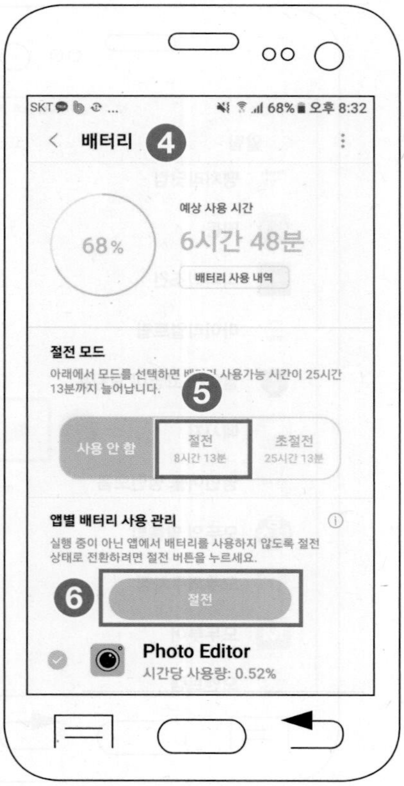


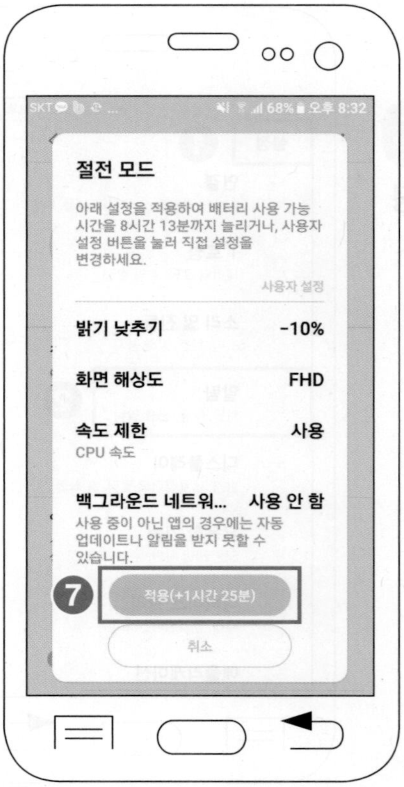

## ③ 저장공간 늘리기

창의적인 방식을 택하건 택하지 않건 그것은 당신에게 달렸다.

특이하고 창의적인 방식으로 일할 수 있는 가능성은 항상 열려있다.

토드 마초버('MIT 미디어 랩' 책임자)

제4장

# 스마트폰 기본 사용하기

Step 1 구글 계정 등록하기

Step 2 연락처 관리하기

Step 3 스마트하게 전화하기

Step 4 스마트하게 문자하기

Step 5 네이버 주소록에  연락처 백업하기

# Step 01 구글 계정 등록하기

## ❶ 구글 계정 생성하기

설정

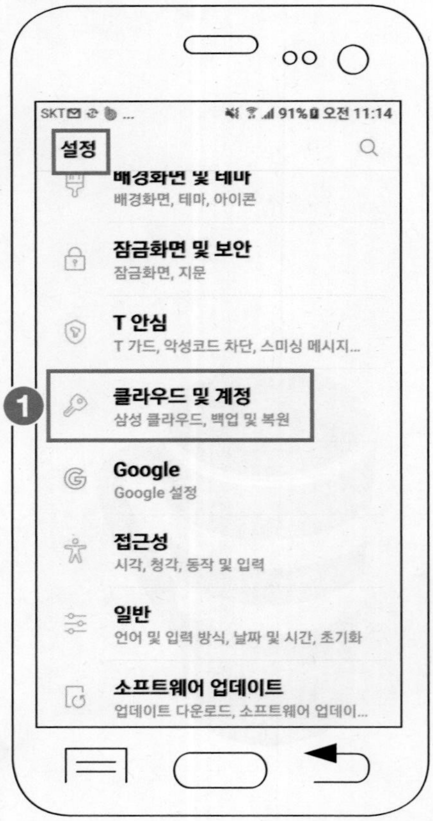


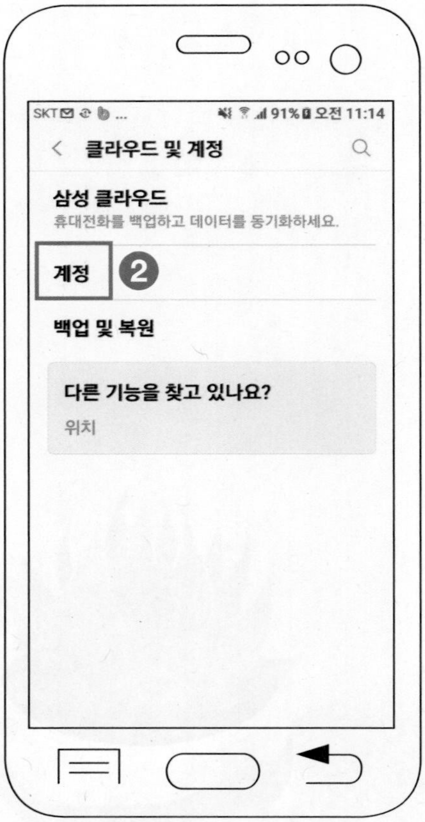

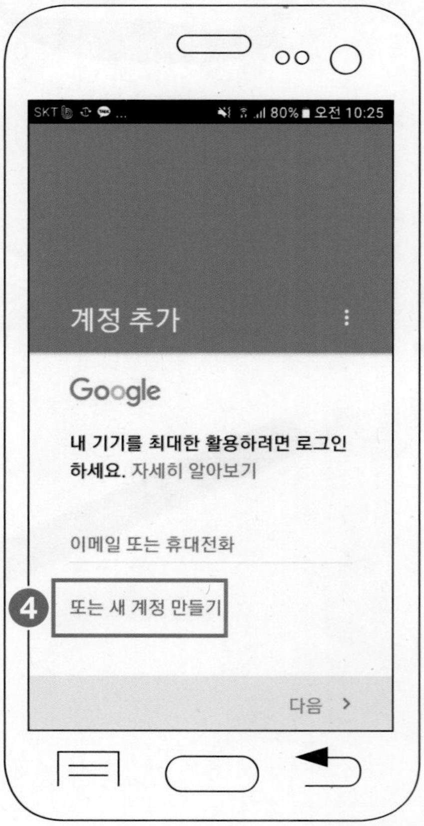

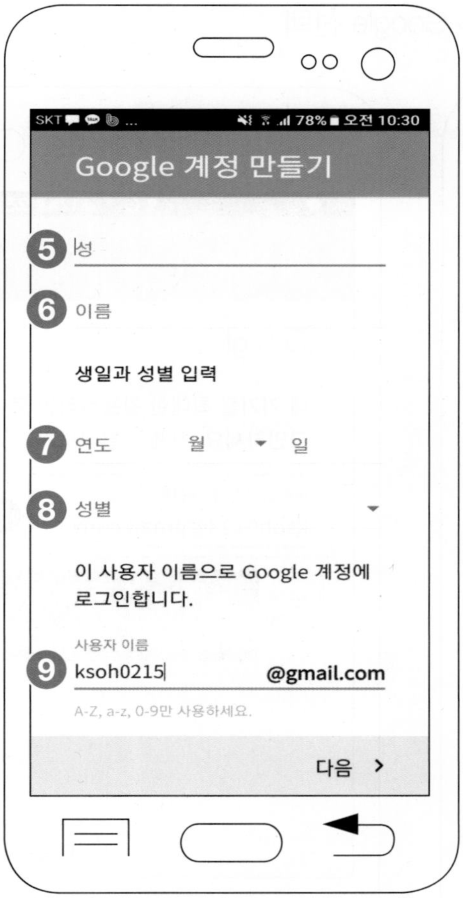


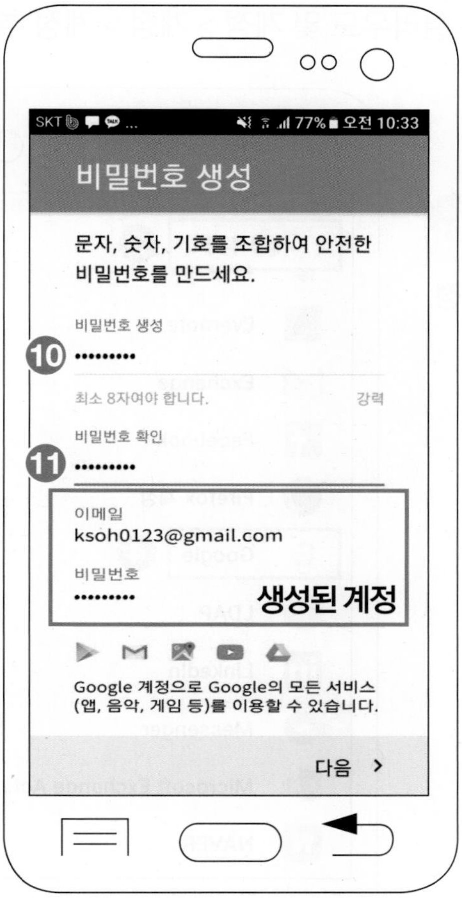


## ❷ 구글 비밀번호 찾기

Play 스토어

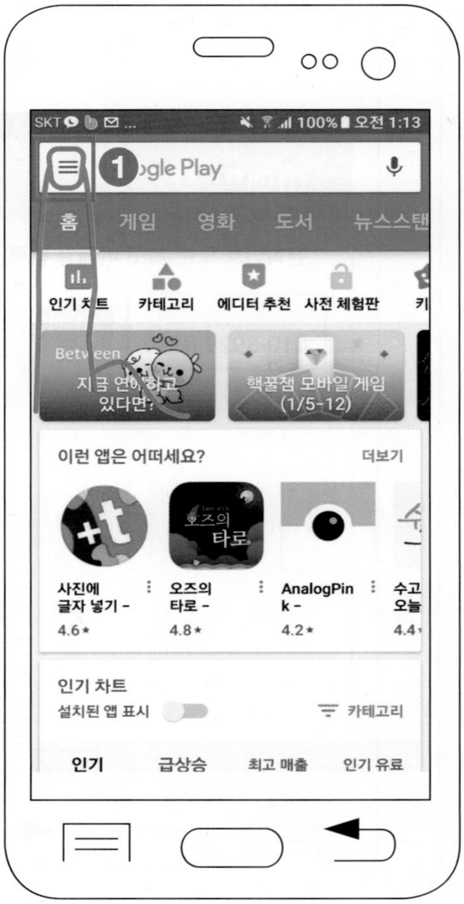

설정 > 클라우드 및 계정 > 계정 > 계정 추가 > Google 선택

**설정**

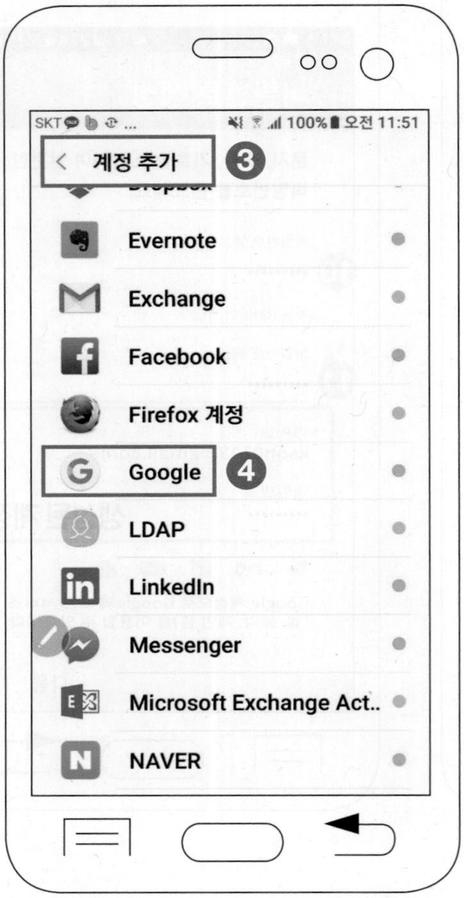


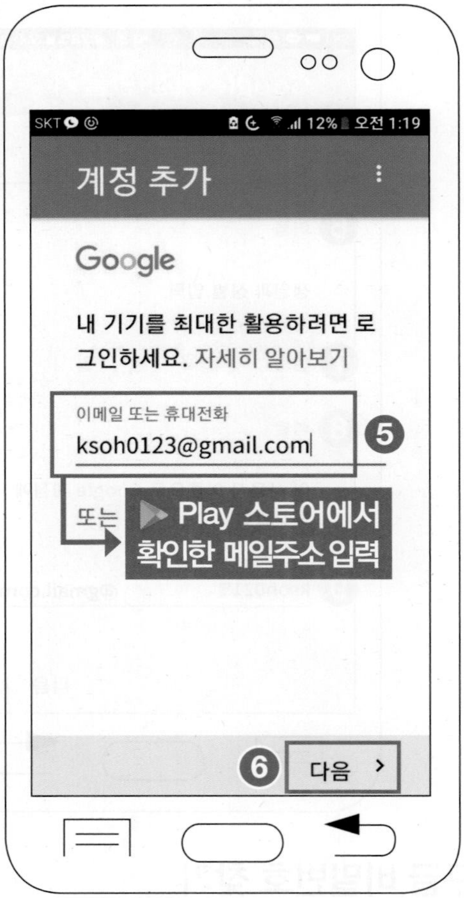


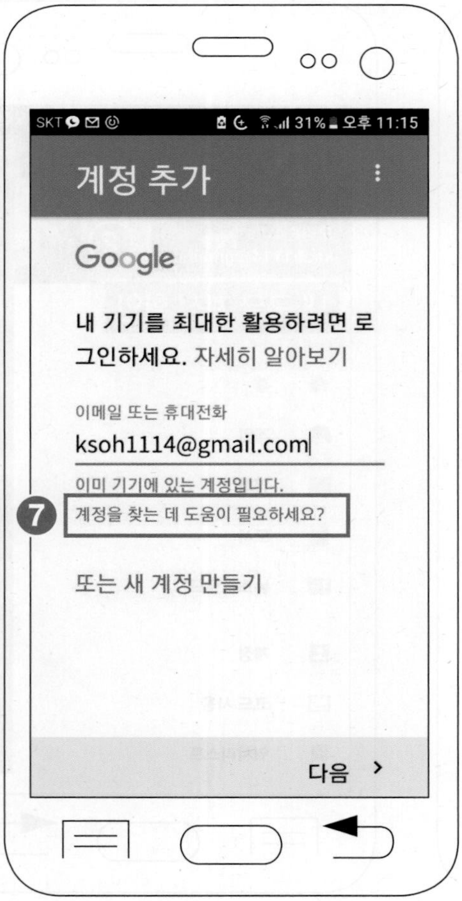

## ❶ 연락처 그룹 만들기

연락처

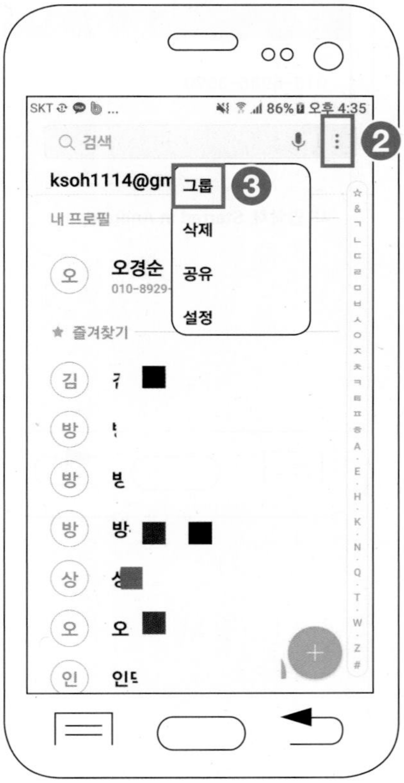

## ❷ 연락처에 전화번호 등록하고 삭제하기

연락처

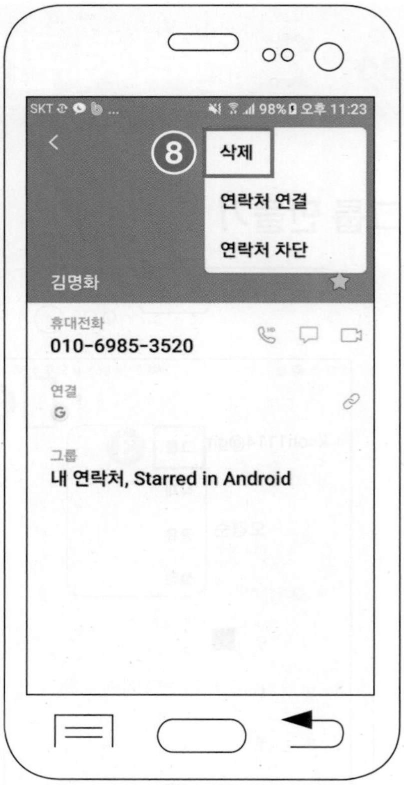

시장에서 살아남으려면 시장의 욕구에 100퍼센트 집중해야 한다.

요르마 올릴라('노키아' 회장)

# Step 03 스마트하게 전화하기

## ❶ 최근 기록으로 전화 걸기

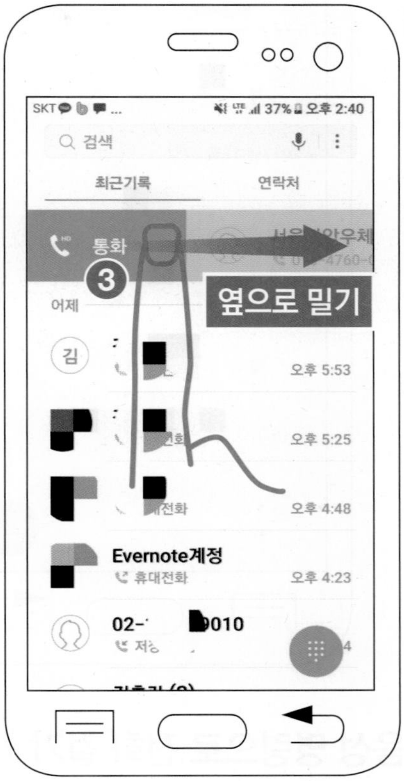


## ❷ 키패드로 전화 걸기

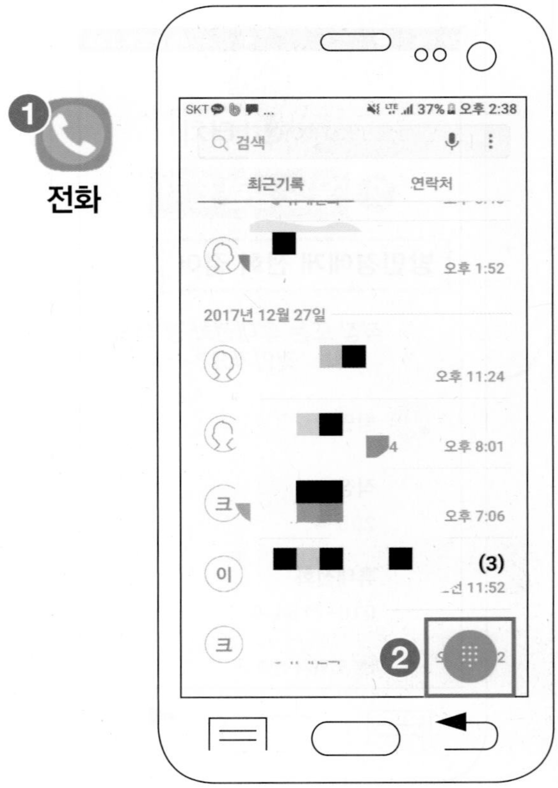


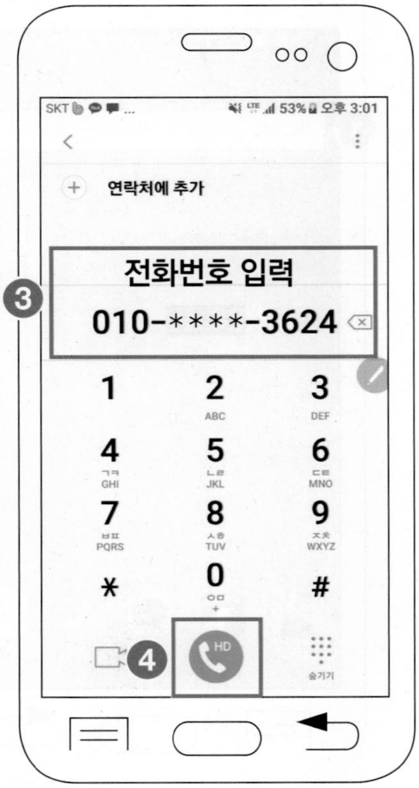

## ③ 연락처에서 초성 검색해서 전화 걸기

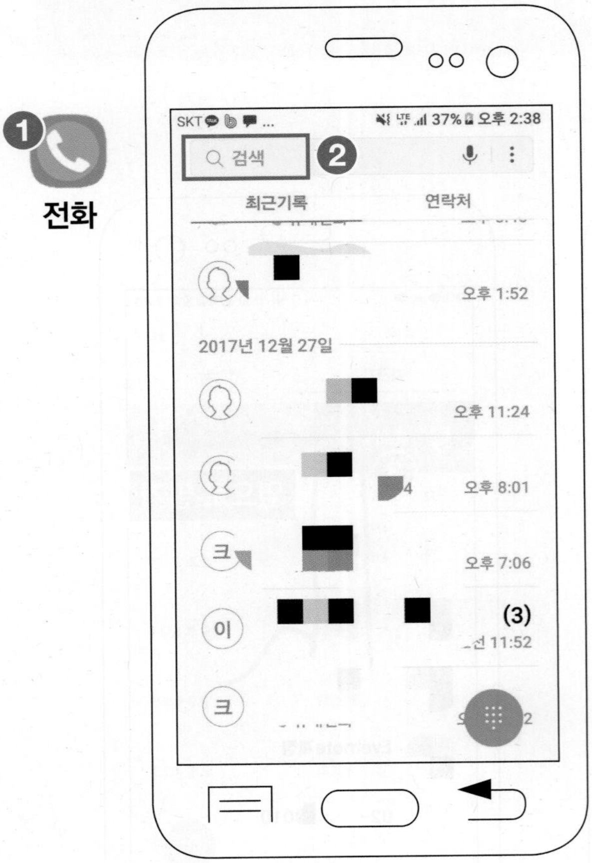

## ④ 구글 음성 명령으로 전화 걸기

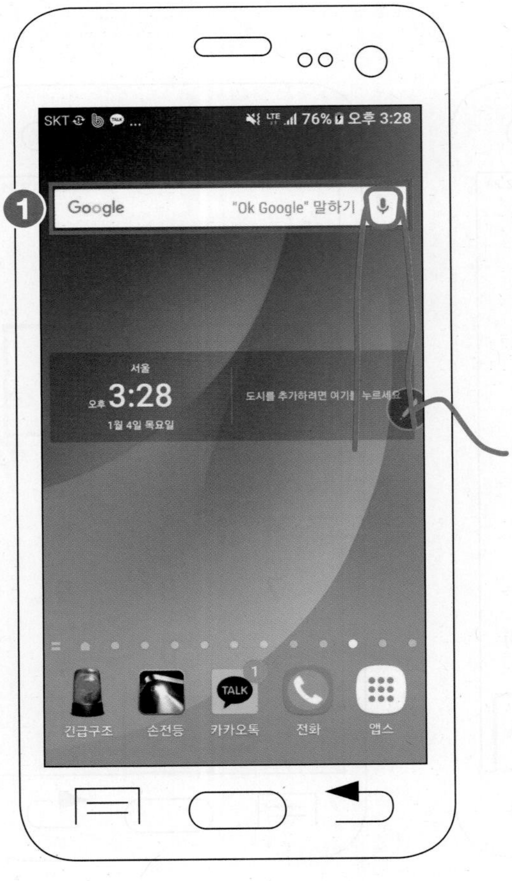


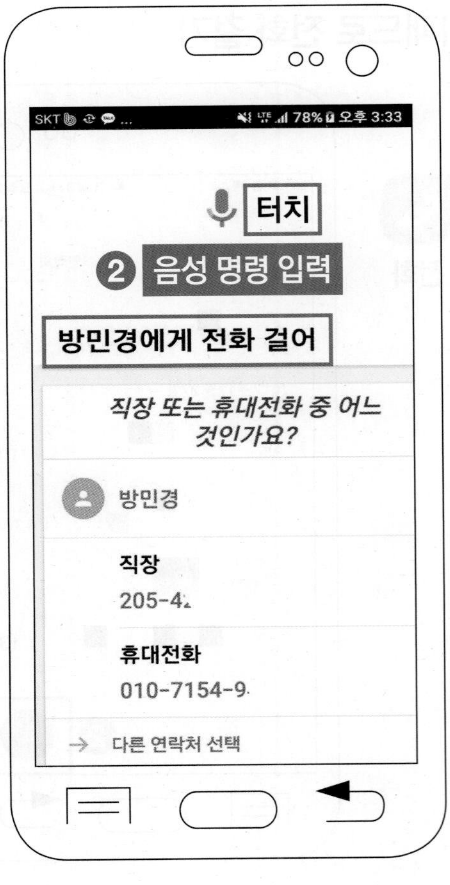

## ⑤ 통화 후 확실하게 전화 끊기

전화

# Step 04 스마트하게 문자하기

## ❶ 최근 대화창에서 밀어서 문자 보내기

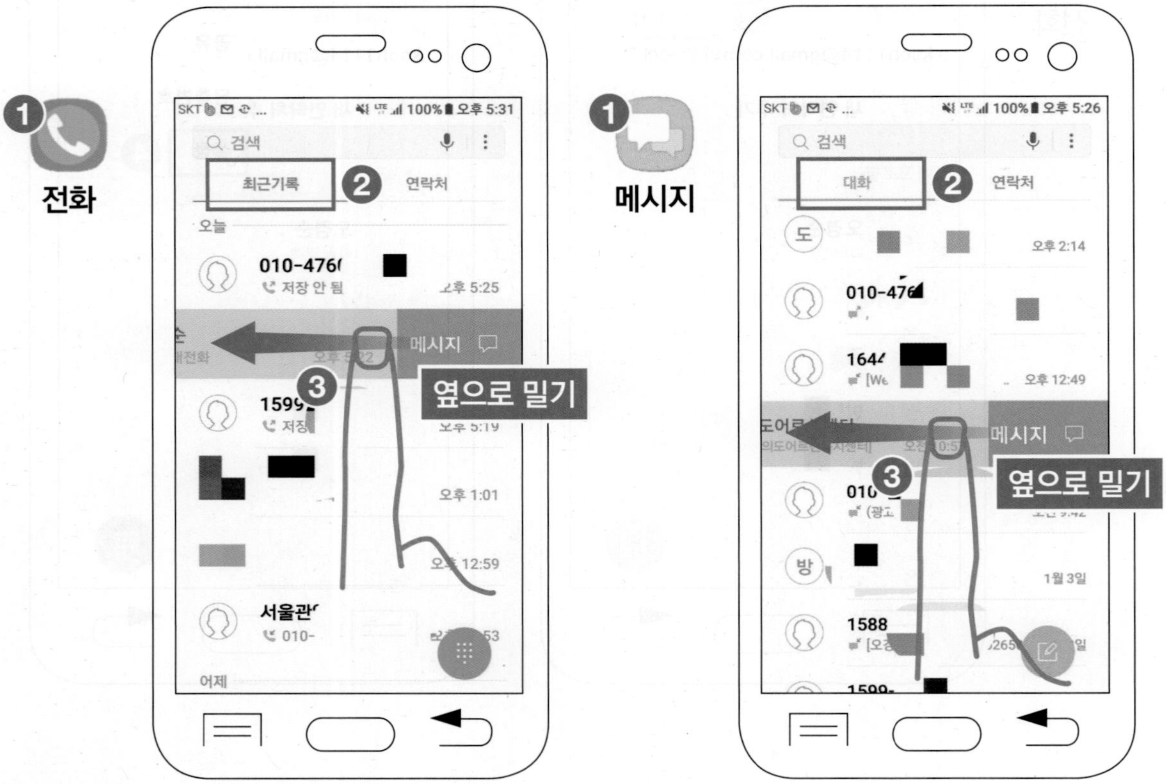


## ❷ 단체 문자 보내기

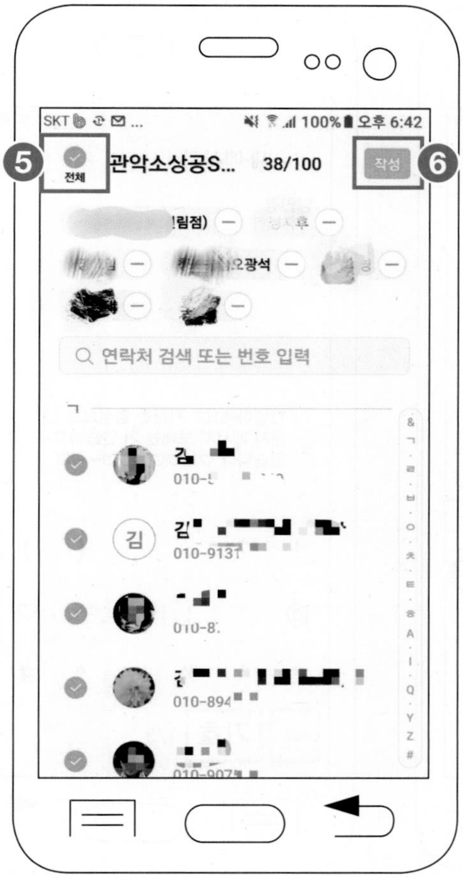


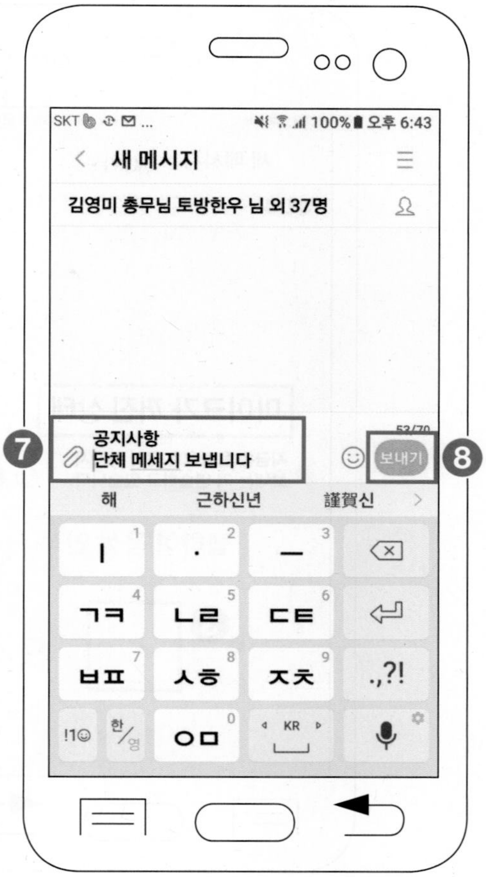


## ❸ 음성(마이크)으로 문자 보내기

메시지

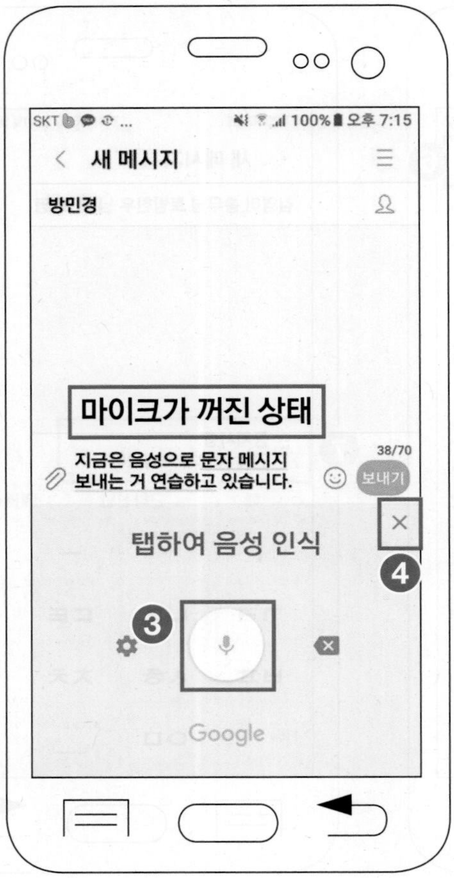


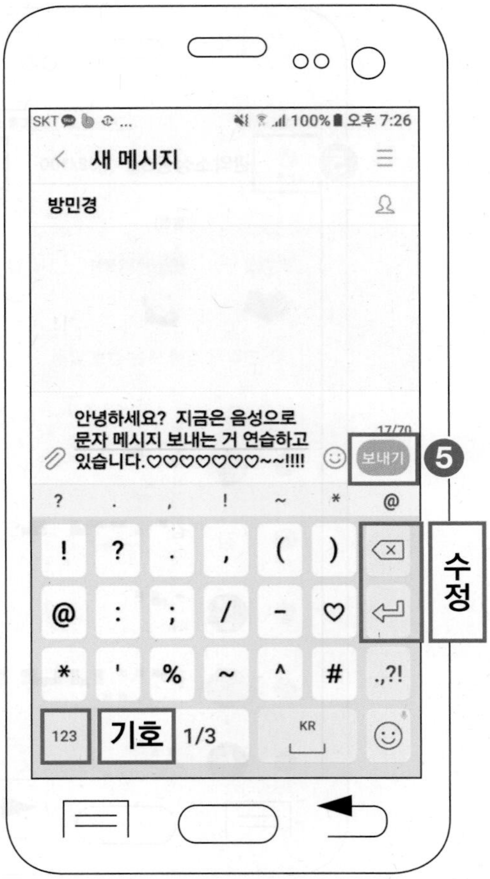


## ④ 수신 거절 메시지 등록하고 활용하기

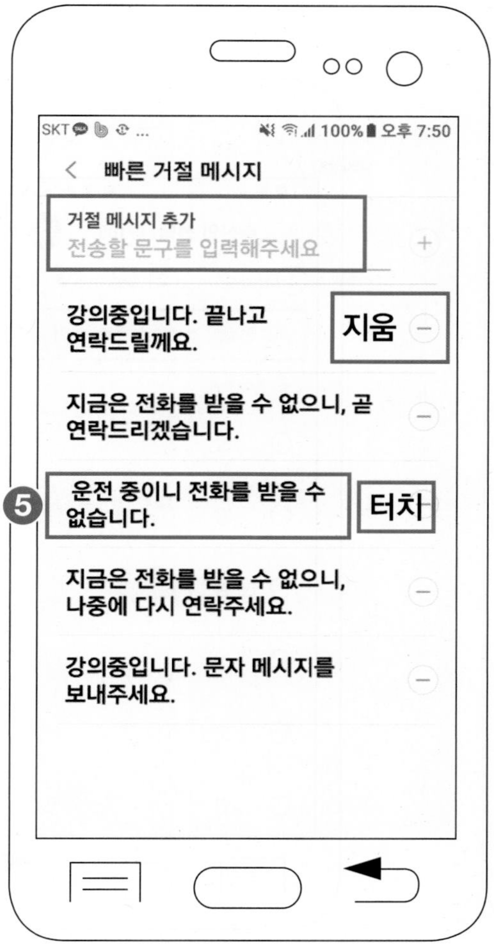
SKT 100% 오후 7:50
빠른 거절 메시지
거절 메시지 추가
전송할 문구를 입력해주세요
강의중입니다. 끝나고 연락드릴께요.
지움
지금은 전화를 받을 수 없으니, 곧 연락드리겠습니다.
5
운전 중이니 전화를 받을 수 없습니다.
터치
지금은 전화를 받을 수 없으니, 나중에 다시 연락주세요.
강의중입니다. 문자 메시지를 보내주세요.

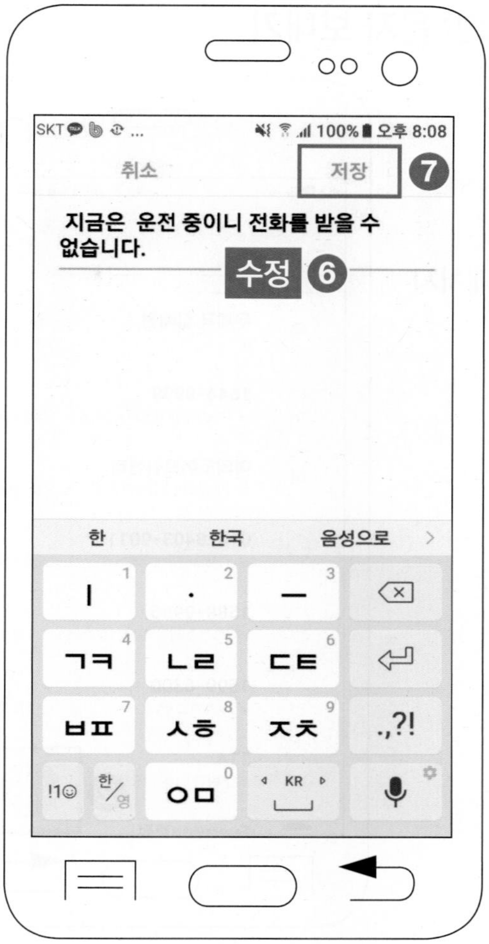
SKT 100% 오후 8:08
취소
저장
7
지금은 운전 중이니 전화를 받을 수 없습니다.
수정
6
한
한국
음성으로
ㄱㅋ
ㄴㄹ
ㄷㅌ
ㅂㅍ
ㅅㅎ
ㅈㅊ
.,?!
ㅇㅁ
KR

SKT 100% 오후 7:51
수신전화
마지막 통화
화요일
8
밀어 올림
메시지 보내기

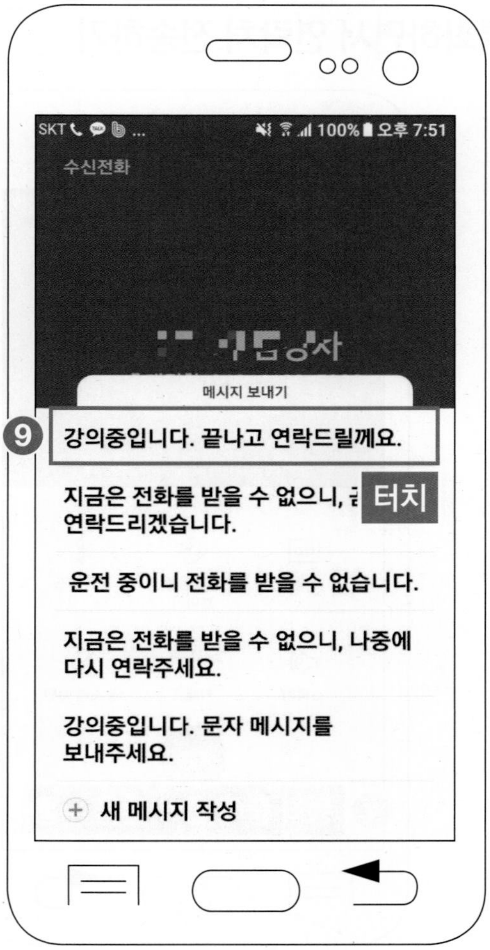
SKT 100% 오후 7:51
수신전화
메시지 보내기
9
강의중입니다. 끝나고 연락드릴께요.
지금은 전화를 받을 수 없으니, 곧 연락드리겠습니다.
터치
운전 중이니 전화를 받을 수 없습니다.
지금은 전화를 받을 수 없으니, 나중에 다시 연락주세요.
강의중입니다. 문자 메시지를 보내주세요.
새 메시지 작성

## ❺ 일반 문자 보내기

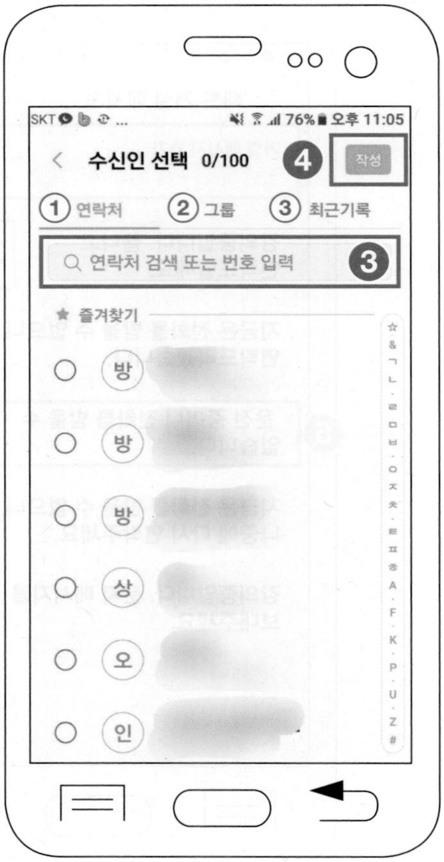


## ❻ 통화하면서 연락처 전송하기

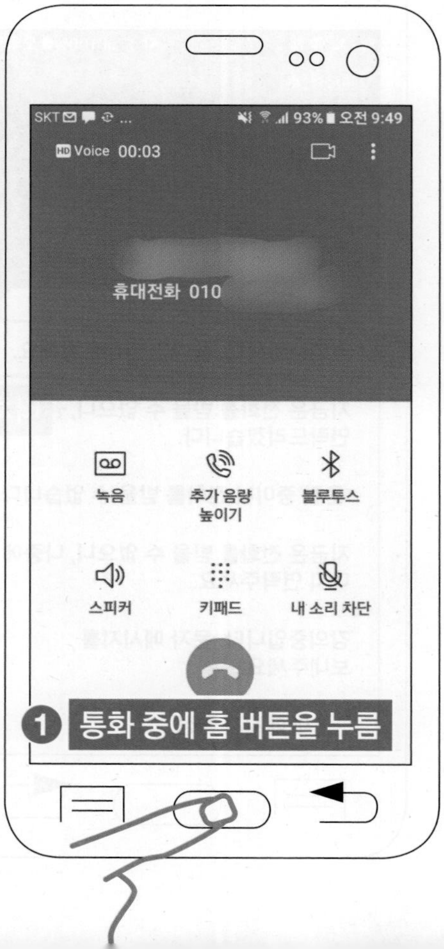

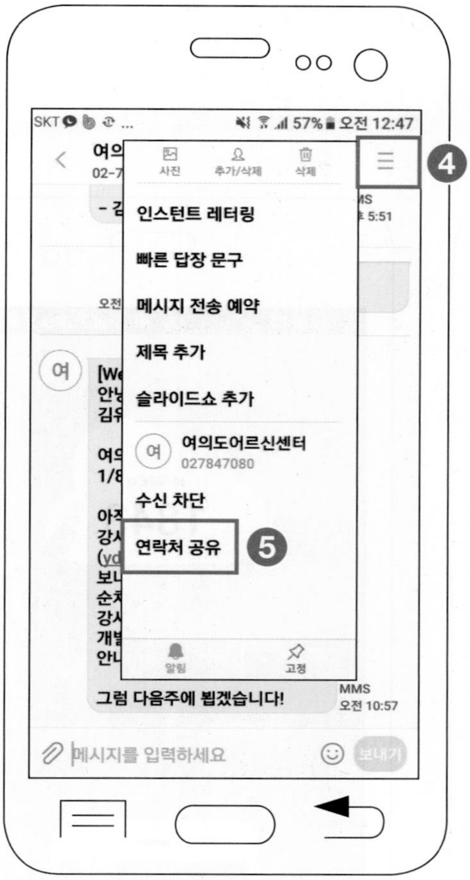


연락처

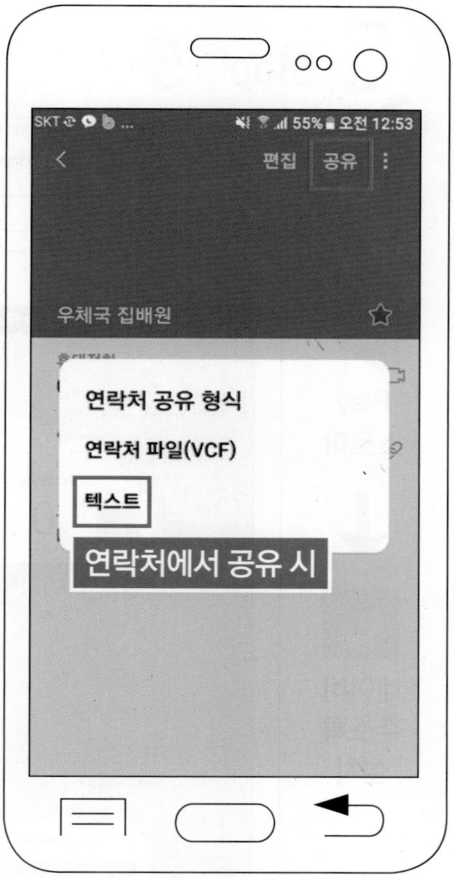


## 7 메시지에 첨부 파일 넣기

메시지

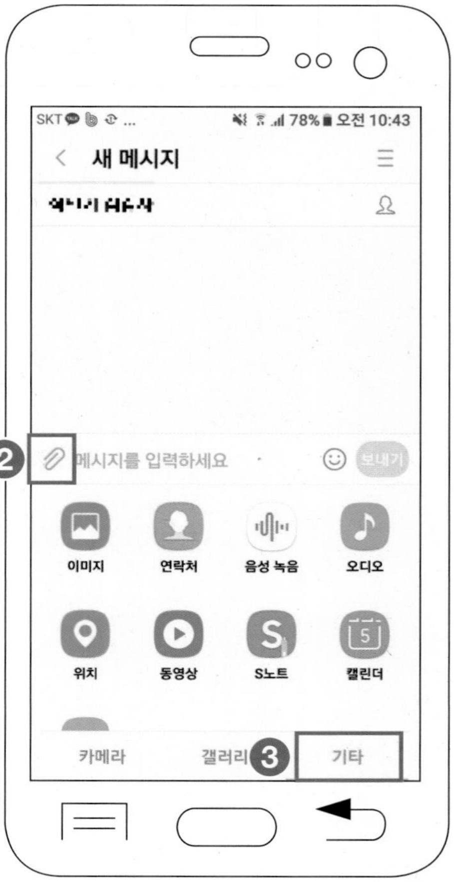

# Step 05 네이버 주소록에 연락처 백업하기

Play 스토어

↓

네이버 주소록 설치

**네이버 주소록 설치**

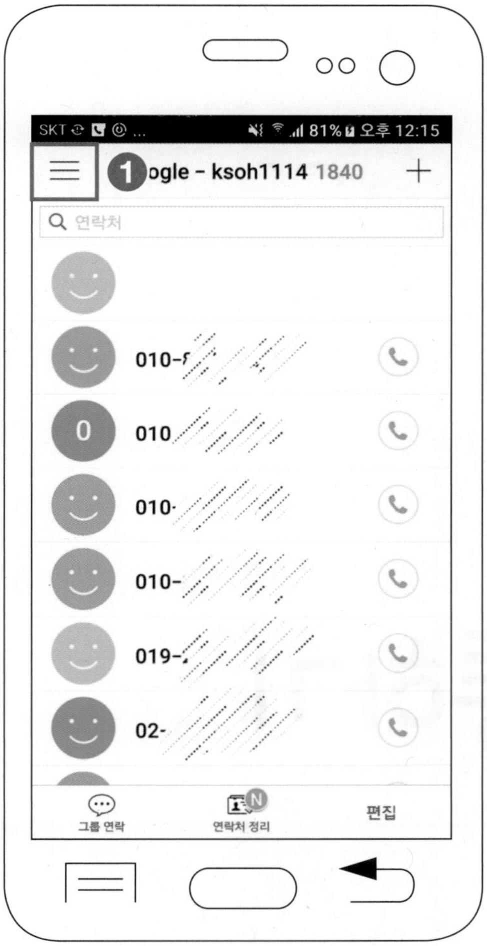

알맞으면 복이 되고 너무 많으면 해가 되나니,

세상에 그렇지 않은 것이 없다.

하물며 재물에 있어서는 더욱 그것이 심하다.

장자(將子)

제 5 장

# 스마트하게 검색하고 소통하기

Step 1 원하는 것 스마트하게 검색하기

Step 2 네이버페이 가입하고 결제하기

Step 3 카카오페이 가입하고 송금하기

Step 4 카카오뱅크 개설하기

Step 5 카카오톡 활용하기

Step 6 밴드 활용하기

# Step 01 원하는 것 스마트하게 검색하기

## ❶ 네이버 인공지능으로 날씨 검색하기

## ❷ 네이버 인공지능으로 음악 검색하기

## ❸ 네이버 음성 검색 활용 가이드

## ④ 네이버 QR코드 인식기

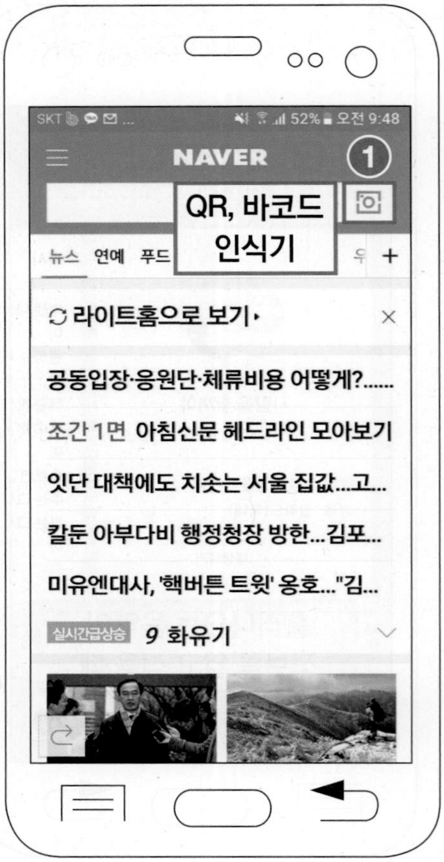


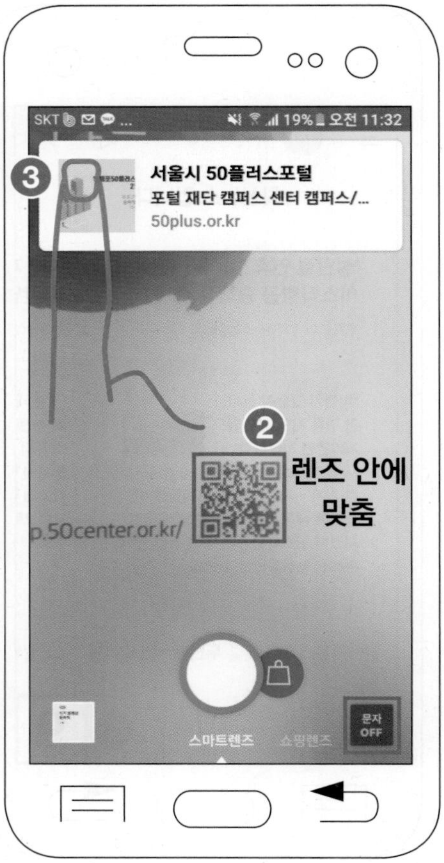


## ⑤ 쇼핑 렌즈로 상품 검색

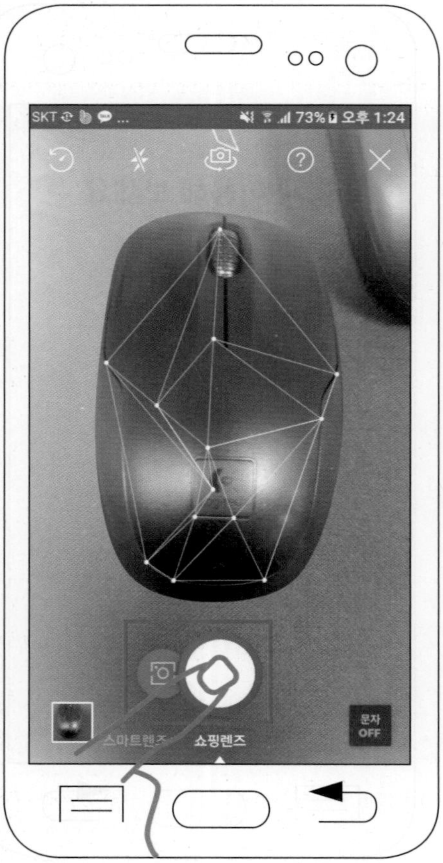


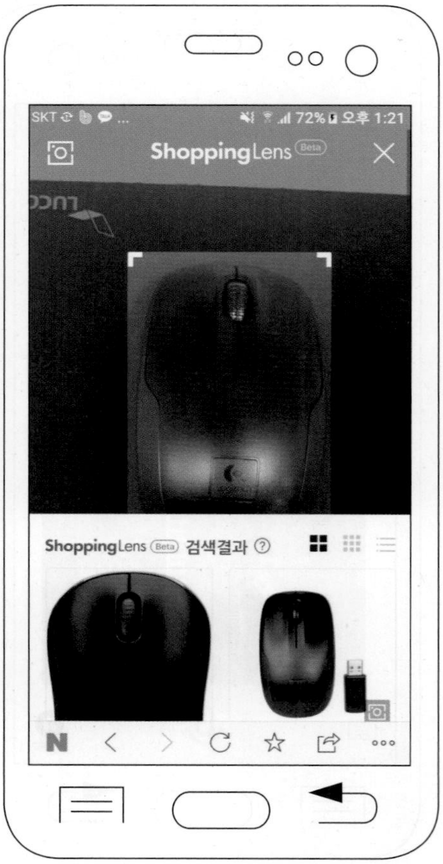

## ⑥ 궁금하면 네이버 지식인

## ⑦ 네이버 메일 보내기

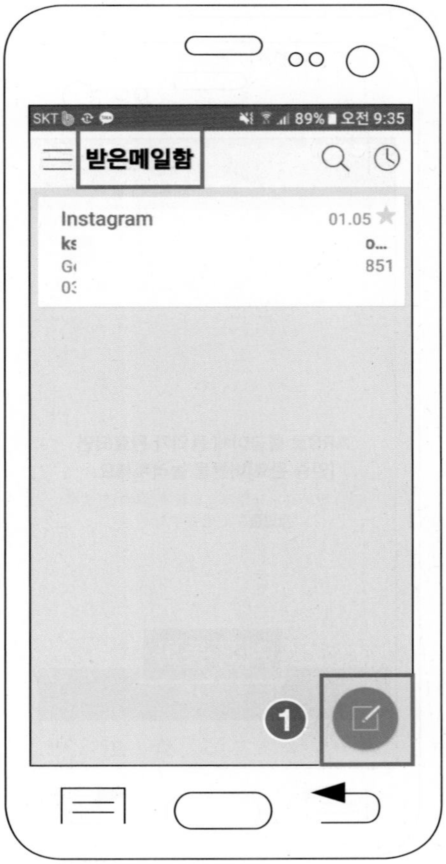


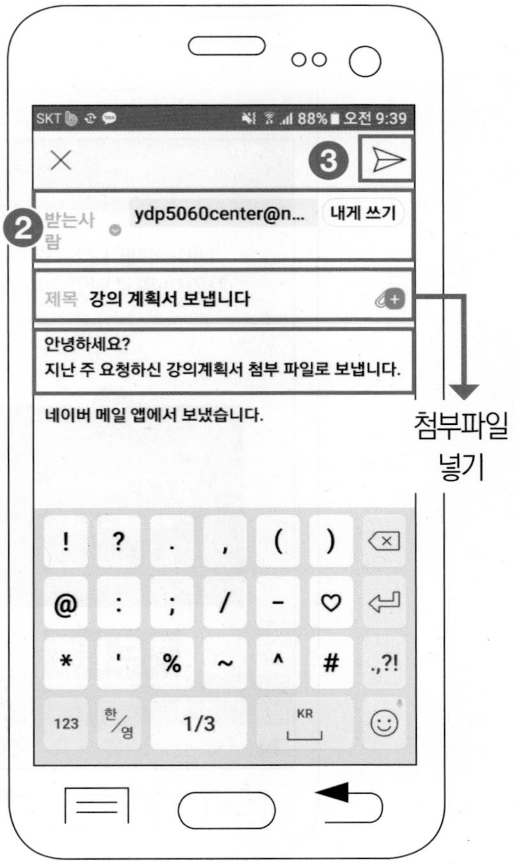

# Step 02 네이버페이 가입하고 결제하기

## ❶ 카드, 계좌 등록하기

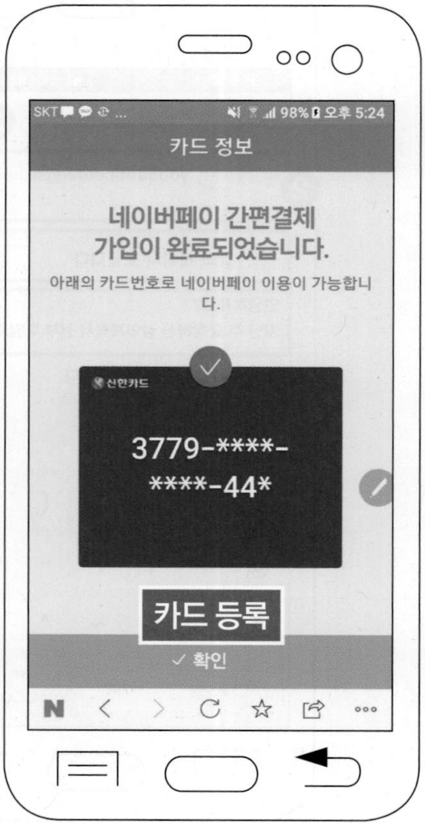


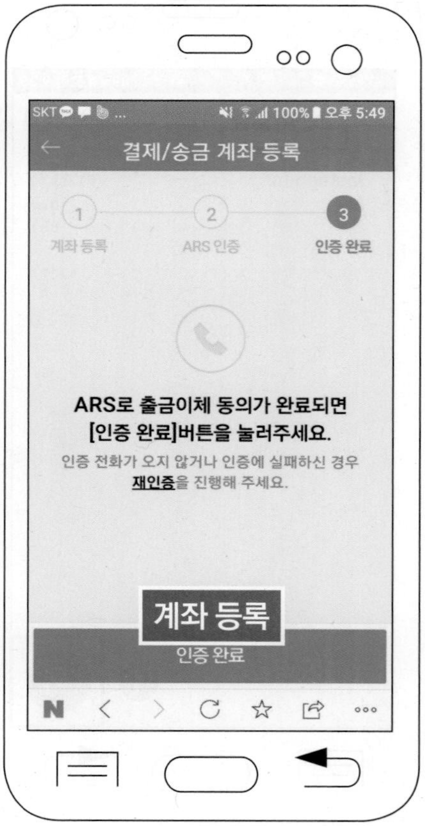

**❷ 간편 송금하기** : 상대방 계좌번호를 몰라도 휴대폰 번호나 네이버 아이디만 알면 송금을 할 수 있습니다.

## ③ 네이버페이로 결제하기

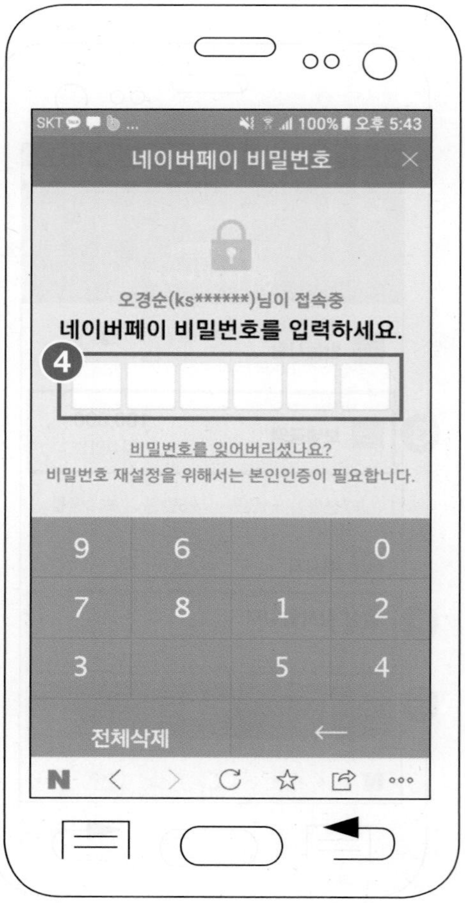

# Step 03 카카오페이 가입하고 송금하기

**❶ 카카오페이로 송금하기** : 카카오페이는 카카오톡의 모바일 결제 서비스입니다.

## ❷ 카카오페이로 선물하기

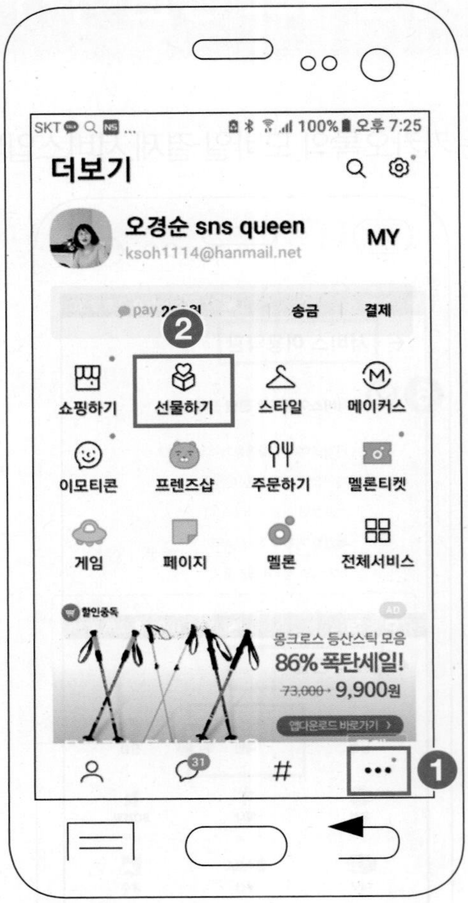

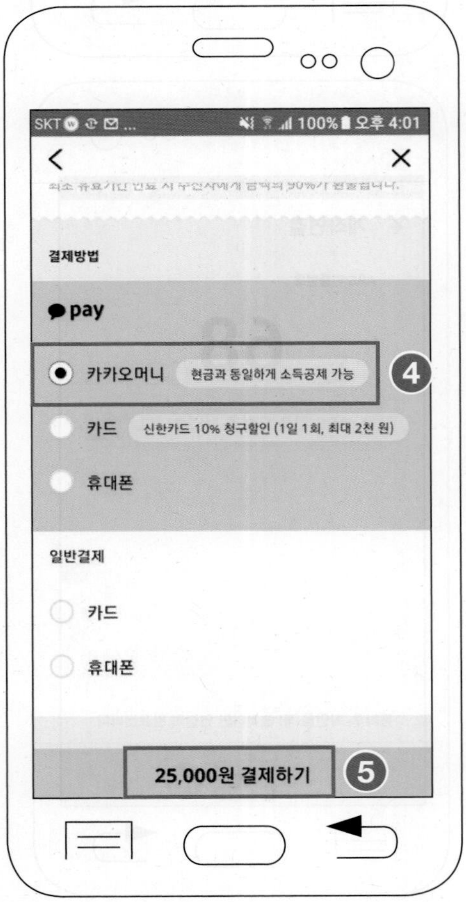


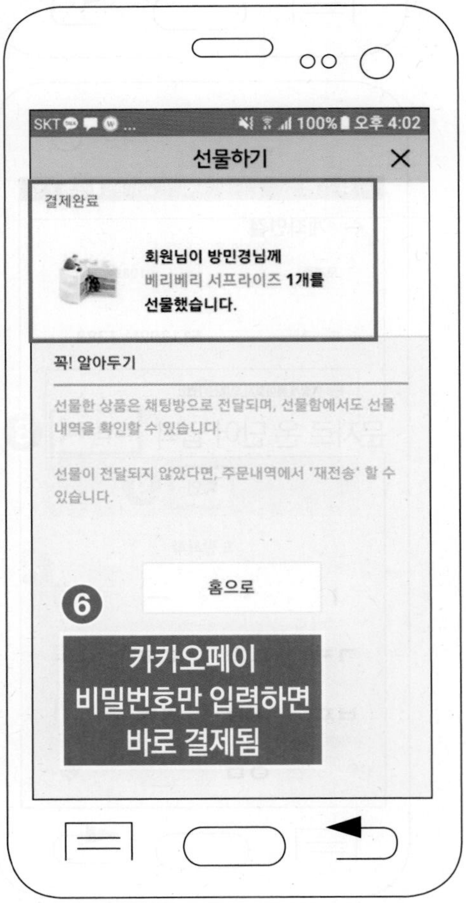

## ③ 카카오톡으로 받은 계좌번호로 횟수 제한 없이 무료로 송금하기

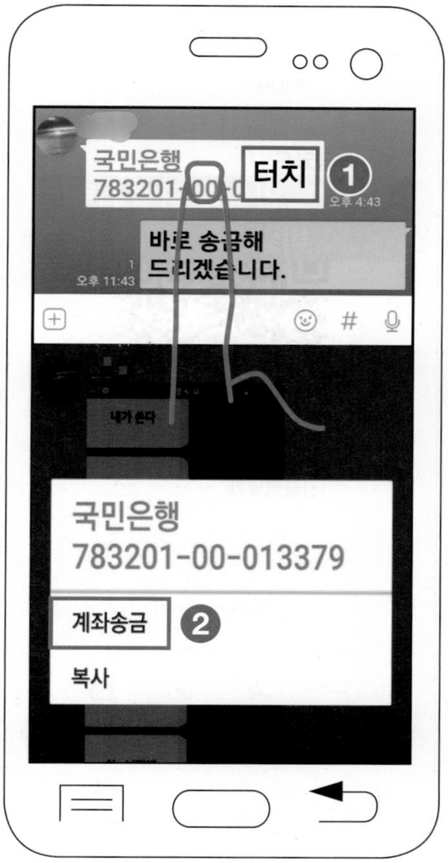

## ④ 더치페이하여 카카오톡에서 바로 송금하기

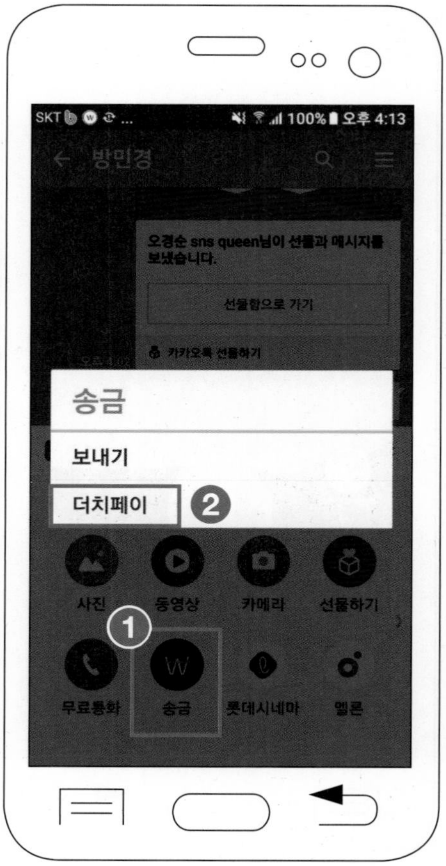

**⑤ QR 코드 송금 받기** : 현금 · 카드 거래가 안 될 때 유용합니다.

**⑥ 카카오톡 지인에게 간편하게 송금하기**

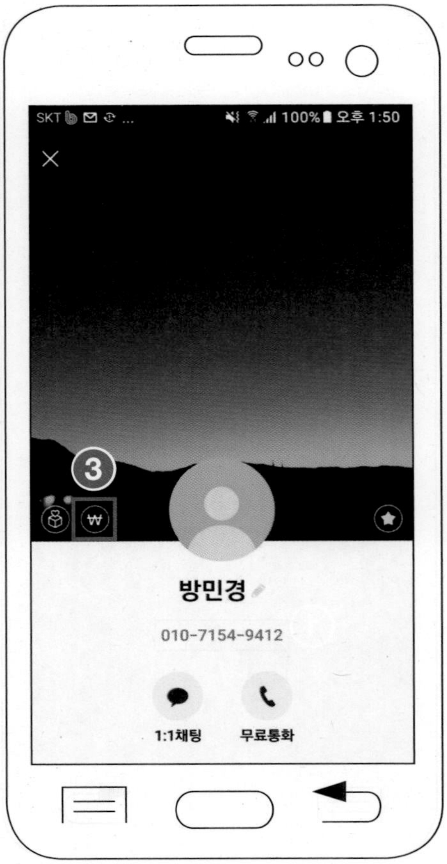

SKT 100% 오후 1:43
송금
방민경(미인증
터치
계좌번호로>
친구가 맞는지 확인 후
송금해주세요.
아직 실명이 확인 되지 않은 사용자입니다.
④
계속 송금하기 >
방민경(미인증)
계좌번호로>
50,000 ⑤ 입력
충전 : 50,000원 (단위: 1만원)
봉투에 담기 ⑥
보내기 ⑧

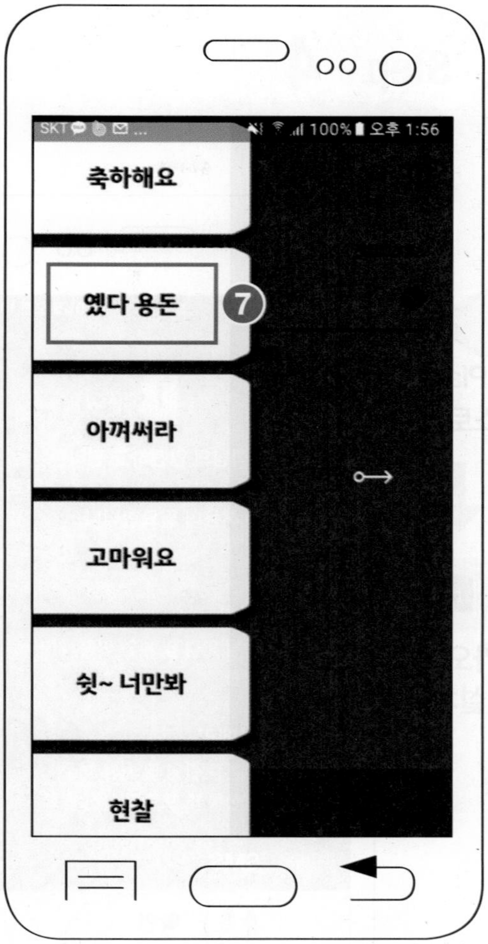
SKT 100% 오후 1:56
축하해요
옜다 용돈 ⑦
아껴써라
고마워요
쉿~ 너만봐
현찰

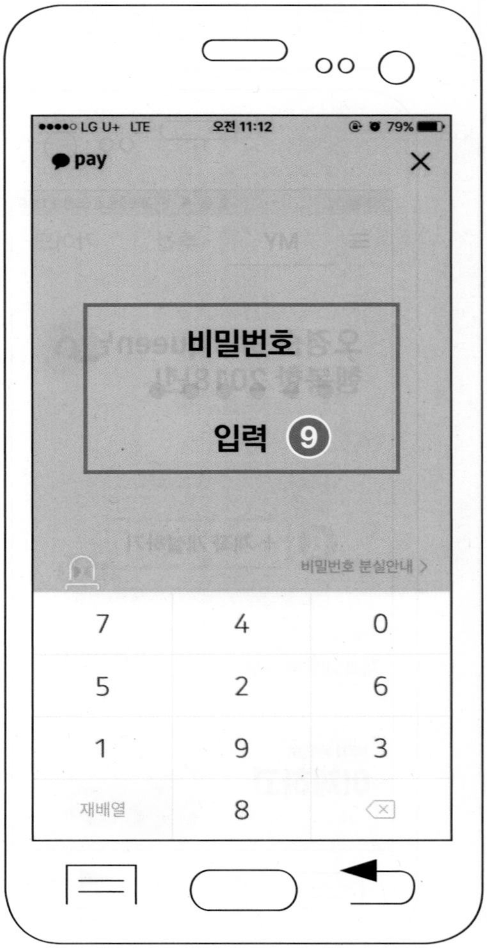
LG U+ LTE 오전 11:12 79%
pay
비밀번호
입력 ⑨
비밀번호 분실안내 >
7 4 0
5 2 6
1 9 3
재배열 8

SKT 100% 오후 1:56
송금
방민경(미인증)에게
50,000원
송금완료
충전 국민은행 ***8848
50,000원
잔액
옜다 용돈
봉투가 도착했어요.
확인

# Step 04 카카오뱅크 개설하기

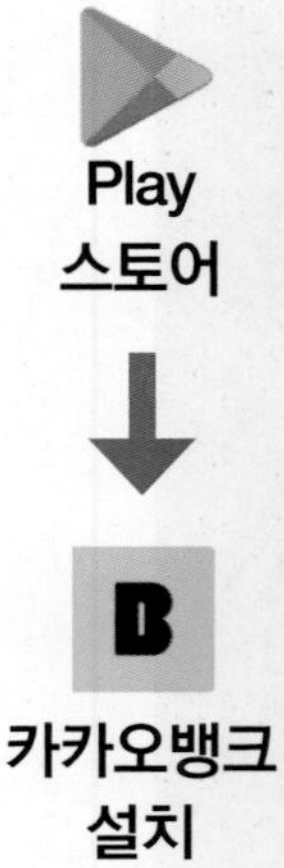


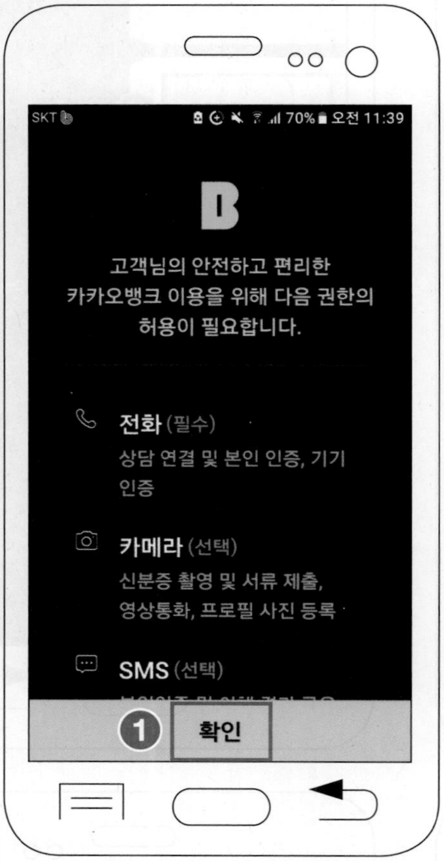

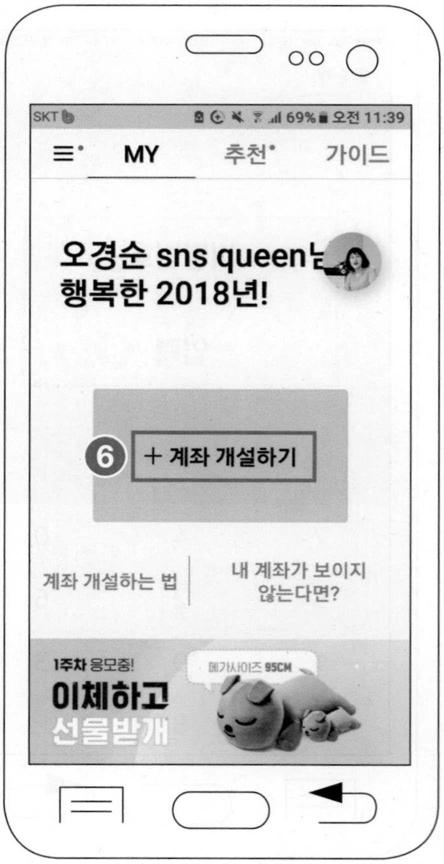

SKT 69% 오전 11:40
카카오뱅크 입출금통장
까다로운
계좌 개설도
정말 손쉽게
계좌 속 금고
세이프박스
친구에게
간편하게 이체
보안은
더 강력하게
7
신청하기
친구에게 알려주세요!
TALK
8
상담
입출금통장 신청하기

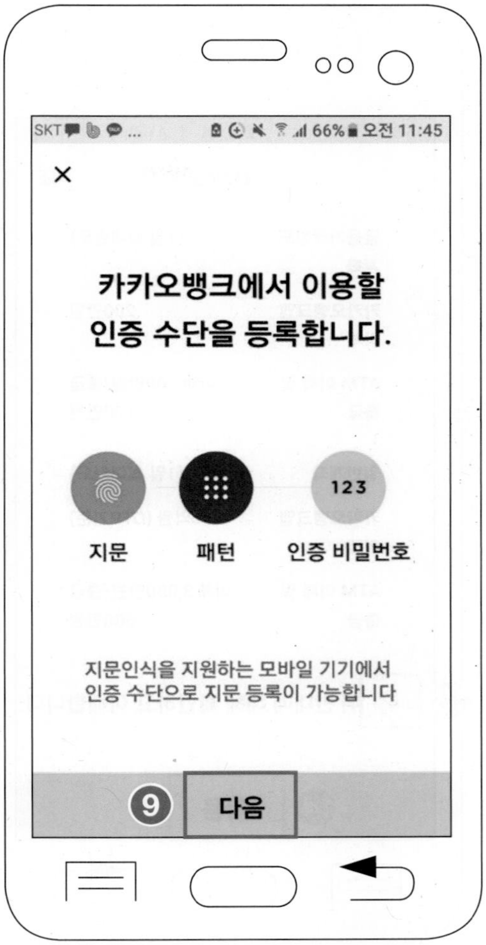
SKT 66% 오전 11:45
카카오뱅크에서 이용할
인증 수단을 등록합니다.
123
지문
패턴
인증 비밀번호
지문인식을 지원하는 모바일 기기에서
인증 수단으로 지문 등록이 가능합니다
9
다음

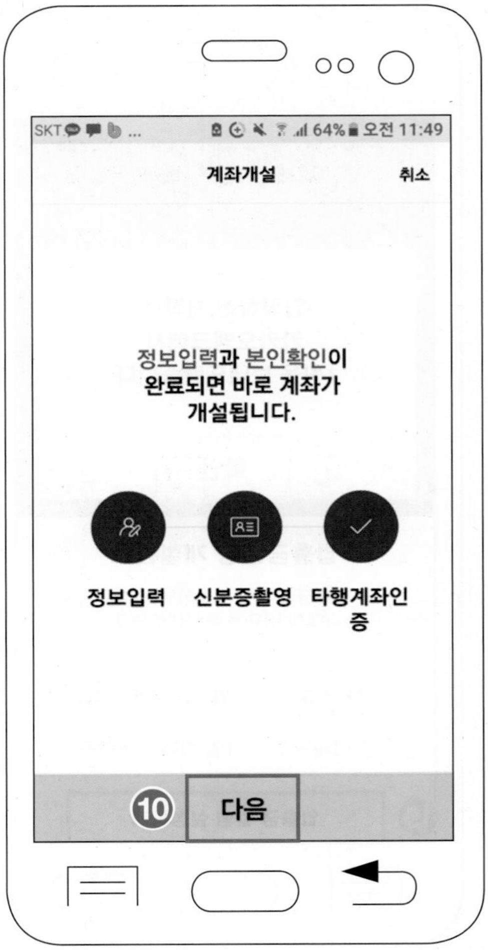
SKT 64% 오전 11:49
계좌개설
취소
정보입력과 본인확인이
완료되면 바로 계좌가
개설됩니다.
정보입력
신분증촬영
타행계좌인
증
10
다음

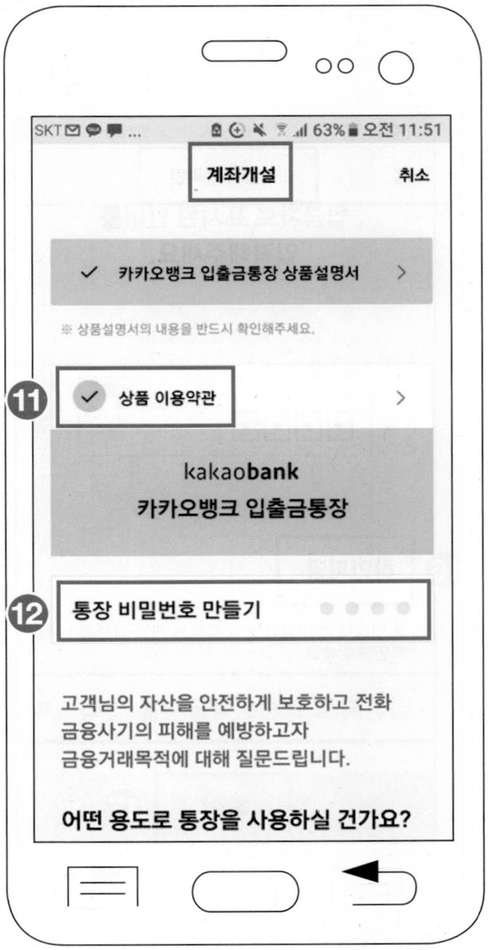
SKT 63% 오전 11:51
계좌개설
취소
카카오뱅크 입출금통장 상품설명서
※ 상품설명서의 내용을 반드시 확인해주세요.
11
상품 이용약관
kakaobank
카카오뱅크 입출금통장
12
통장 비밀번호 만들기
고객님의 자산을 안전하게 보호하고 전화
금융사기의 피해를 예방하고자
금융거래목적에 대해 질문드립니다.
어떤 용도로 통장을 사용하실 건가요?

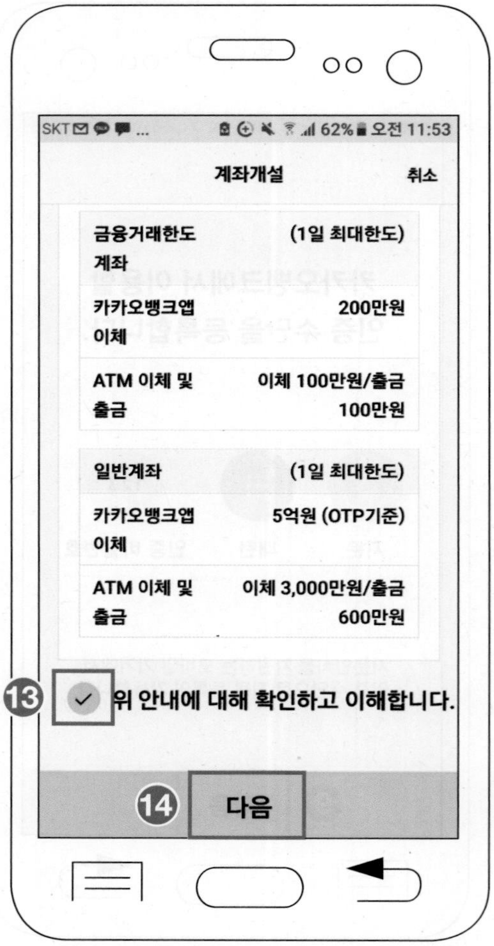
SKT ... 62% 오전 11:53
계좌개설
취소
금융거래한도 계좌
(1일 최대한도)
카카오뱅크앱 이체
200만원
ATM 이체 및 출금
이체 100만원/출금 100만원
일반계좌
(1일 최대한도)
카카오뱅크앱 이체
5억원 (OTP기준)
ATM 이체 및 출금
이체 3,000만원/출금 600만원
13
위 안내에 대해 확인하고 이해합니다.
14
다음

SKT ... 61% 오전 11:54
신분증 확인
본인 확인을 위해 주민등록증 또는 운전면허증을 준비해주세요.
다음 화면에서 촬영을 진행합니다.
주민등록증
1 신분증의 앞면이 보이도록 놓아주세요. 어두운 바닥에 놓으면 더 잘 인식됩니다.
2 가이드 영역에 맞추어 반드시 신분증
15
신분증 촬영

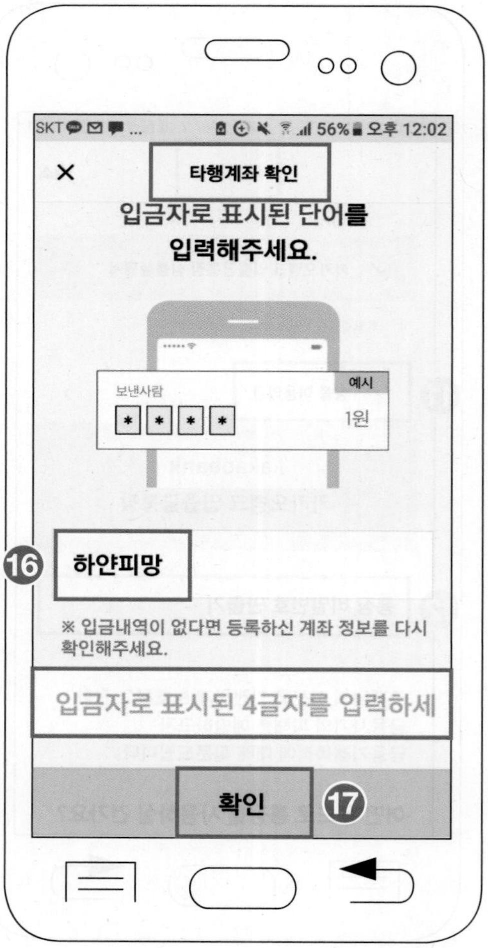
SKT ... 56% 오후 12:02
타행계좌 확인
입금자로 표시된 단어를 입력해주세요.
보낸사람
예시
1원
16
하얀피망
※ 입금내역이 없다면 등록하신 계좌 정보를 다시 확인해주세요.
입금자로 표시된 4글자를 입력하세
확인
17

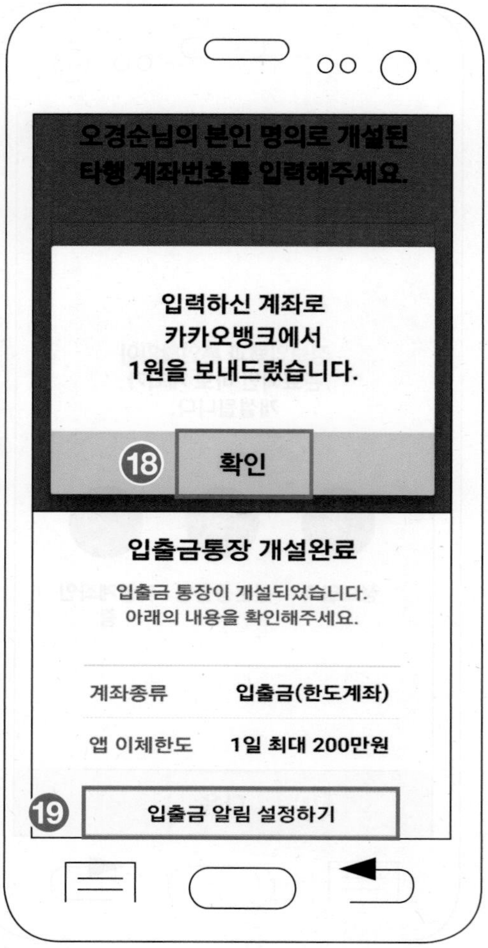
오경순님의 본인 명의로 개설된 타행 계좌번호를 입력해주세요.
입력하신 계좌로 카카오뱅크에서 1원을 보내드렸습니다.
18
확인
입출금통장 개설완료
입출금 통장이 개설되었습니다. 아래의 내용을 확인해주세요.
계좌종류
입출금(한도계좌)
앱 이체한도
1일 최대 200만원
19
입출금 알림 설정하기

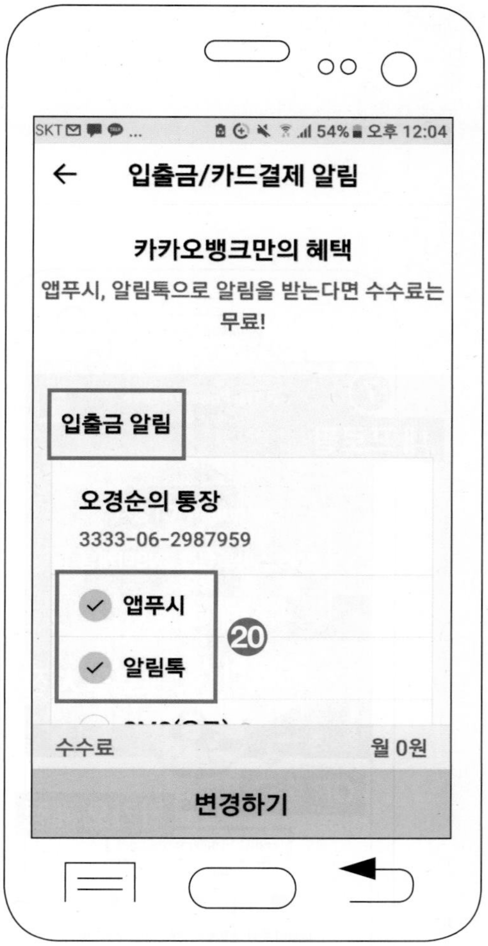


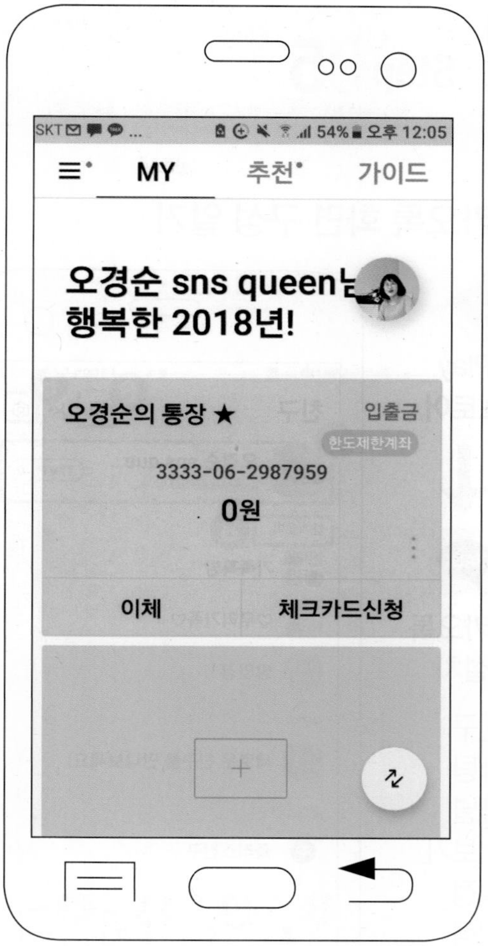

어떤 비즈니스든 경쟁이 없다면 훌륭한 성과 달성은 꿈꾸기가 어렵다.
길게 봤을 때 사업의 성공을 위해서는 둘 이상의 동종 업계 경쟁자가
반드시 필요하다.
테리 켈리('고어 텍스'CEO)

# Step 05 카카오톡 활용하기

## ❶ 카카오톡 화면 구성 알기

Play 스토어

카카오톡 설치

❶ 친구
❷ 채팅
❸ 채널
❹ 더보기
❺ 설정
❻ 검색
❼ 내 프로필
❽ 즐겨찾기

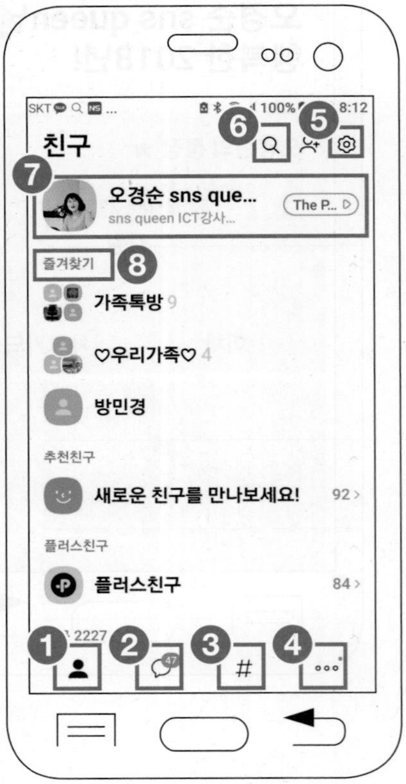

## ❷ QR코드로 카카오톡 친구 맺기

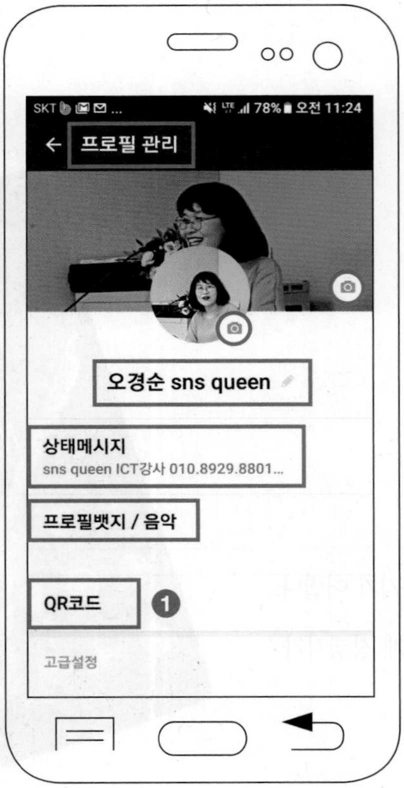

## 3 자주 소통하는 채팅방과 친구를 즐겨찾기로 고정하기

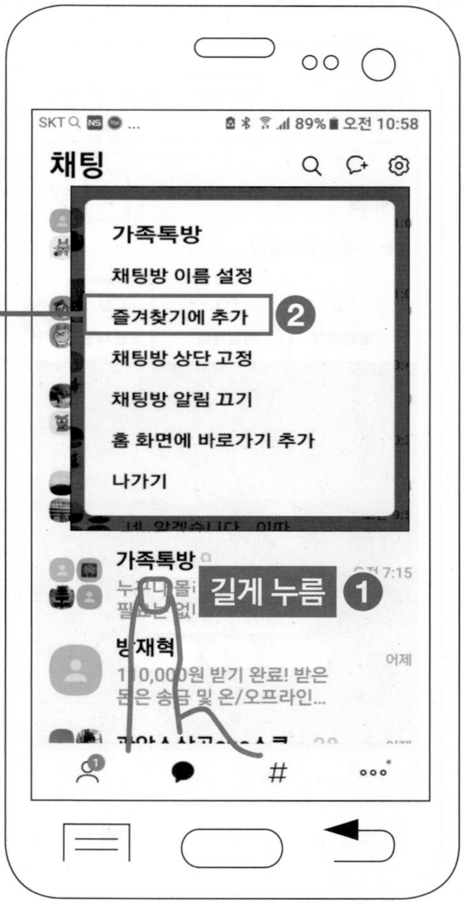

## ❹ 채팅방 만들기

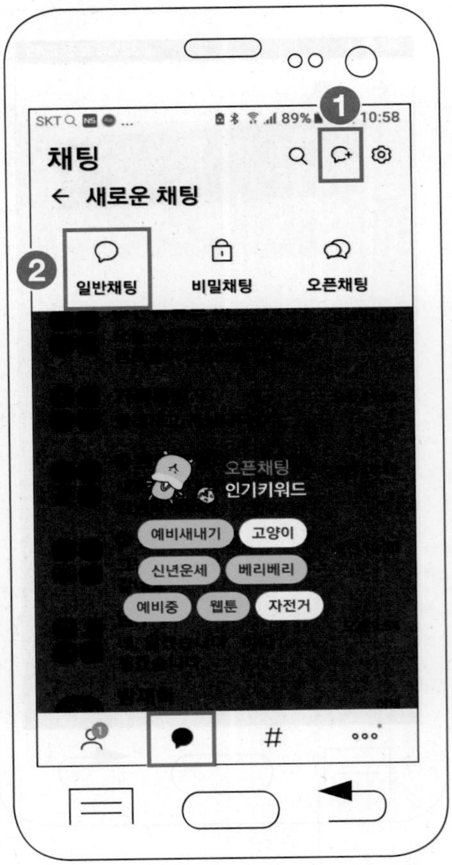

## ❺ 오픈채팅방 만들기 : 검색을 통해 참여할 수 있고 관리자는 탈퇴 권한이 있습니다.

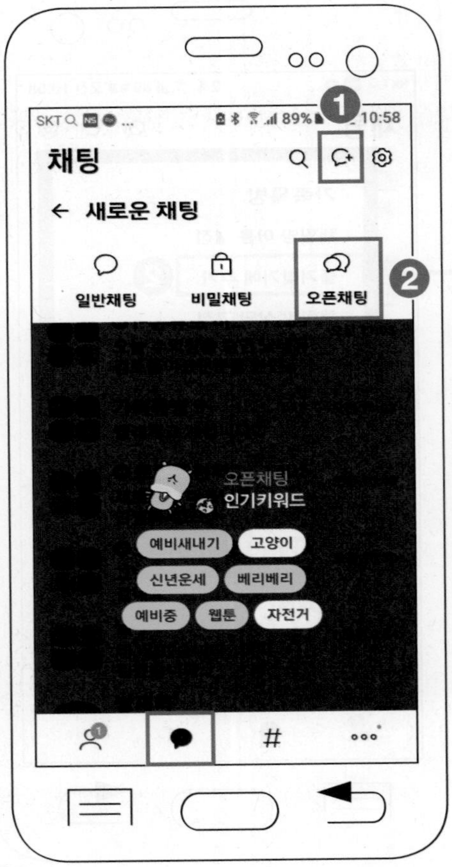


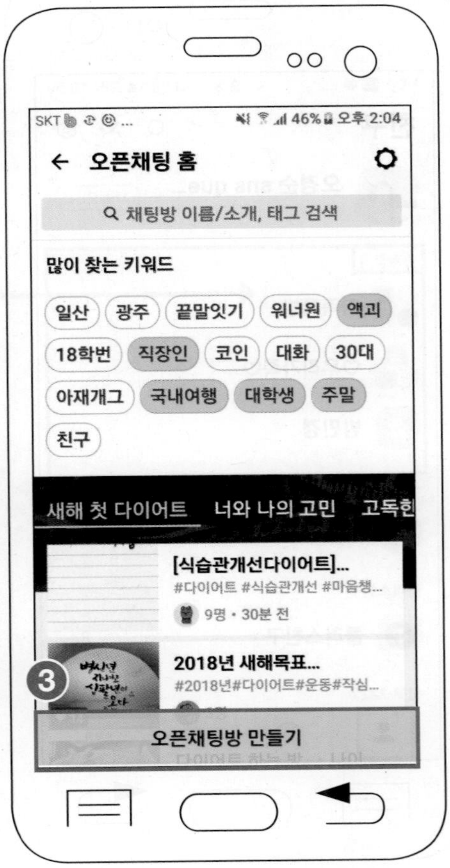

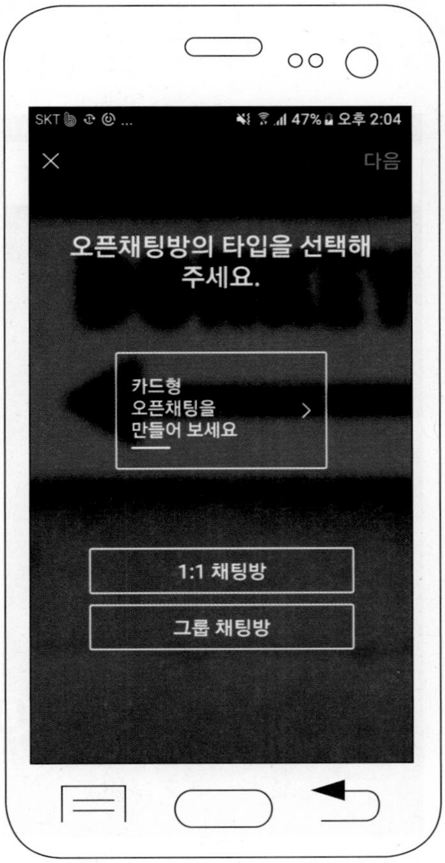


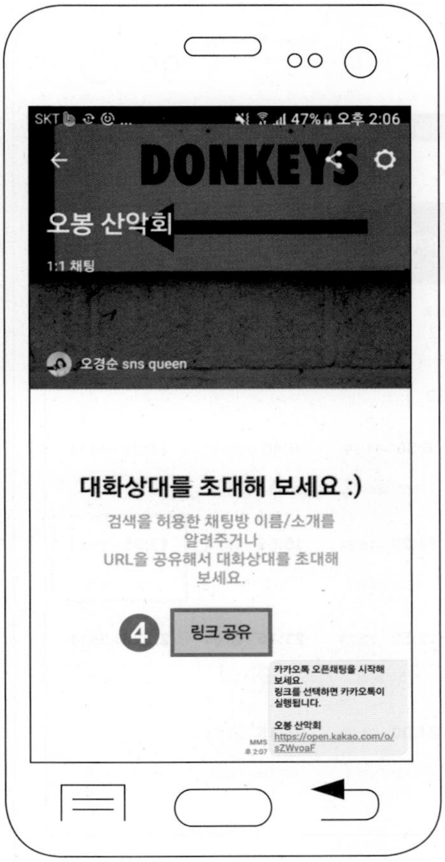


## ❻ 카카오톡 채팅방에서 영화 예매하기

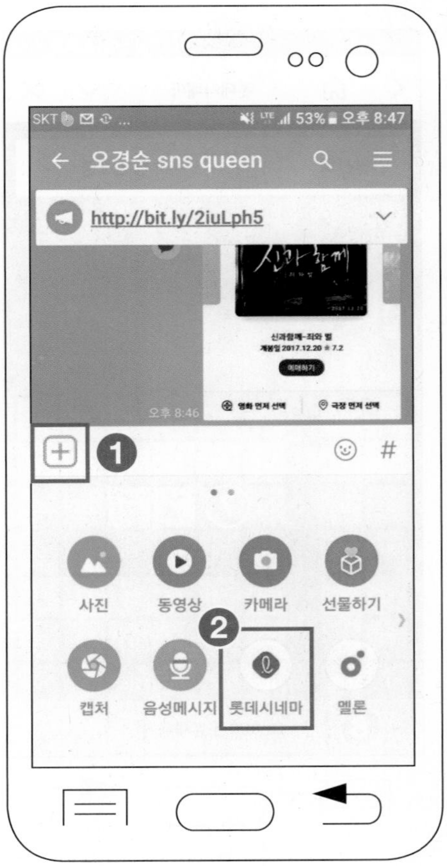

SKT 54% 오후 8:44
롯데시네마
4
영화
신과함께-죄와 벌
극장
서울대입구
3
날짜/시간 선택
오늘 7
8
화 9
수 10
2D
8:50 ~11:29
173/186석
9:40 ~12:19
75/107석
11:35 ~14:14
177/186석
14:20 ~16:59
172/186석
15:55 ~18:34
119/131석
17:05 ~19:44
186/186석
19:50 ~22:29
173/186석
21:15 ~23:54
122/131석
22:35 ~25:14
186/186석
24:00 ~26:39
심야 129/131석
25:15 ~27:54
심야 186/186석

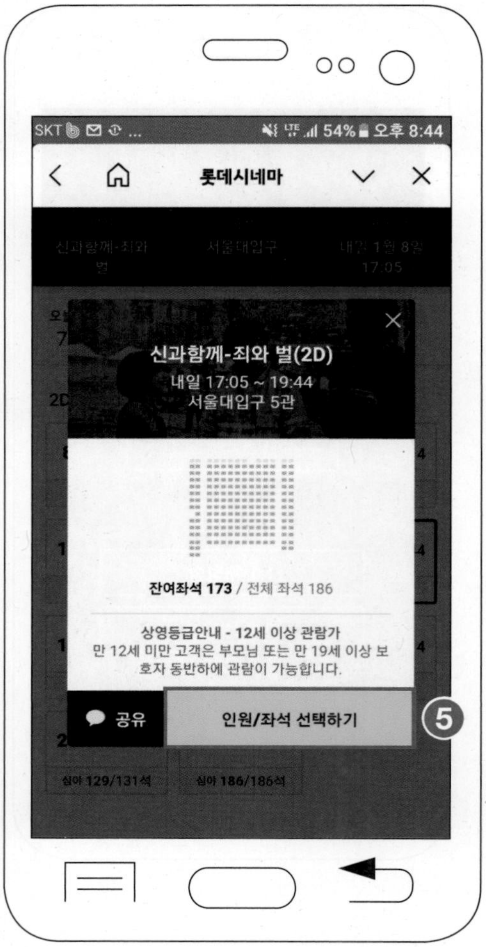
SKT 54% 오후 8:44
롯데시네마
신과함께-죄와 벌(2D)
내일 17:05 ~ 19:44
서울대입구 5관
잔여좌석 173 / 전체 좌석 186
상영등급안내 - 12세 이상 관람가
만 12세 미만 고객은 부모님 또는 만 19세 이상 보호자 동반하에 관람이 가능합니다.
공유
인원/좌석 선택하기
5

SKT 54% 오후 8:45
롯데시네마
인원선택
성인 2명
6
성인
0 1 2 3 4 5 6 7 8
청소년
0 1 2 3 4 5 6 7 8
인원선택 후, 이곳을 터치해 좌석을 선택 할 수 있습니다.

SKT 54% 오후 8:45
롯데시네마
인원선택
성인 2명
SCREEN
B1 B2 B3 B4 B5 B6 B7 B8
C1 C2 C3 C4 C5 C6 C7 C8
D1 D2 D3 7 D7 D8
E1 E2 E3 E4 E5 E6 E7 E8
F1 F2 F3 F4 F5 F6 F7 F8
G1 G2 G3 G4 G5 G7 G8
H1 H2 H3 H4 H5 H6 H7 H8
8
18,000원 결제하기

## ❼ 카카오톡 채팅방에 사진 묶어 보내기

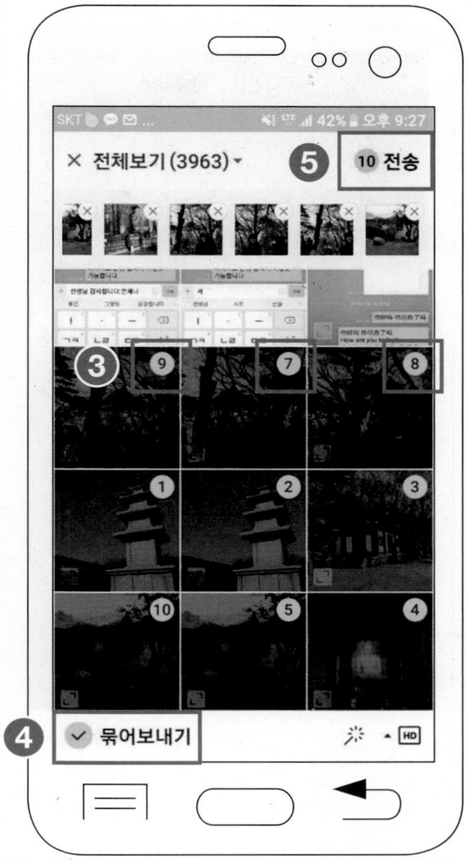


## ❽ 카카오톡 사진 전송 시 편집해서 보내기

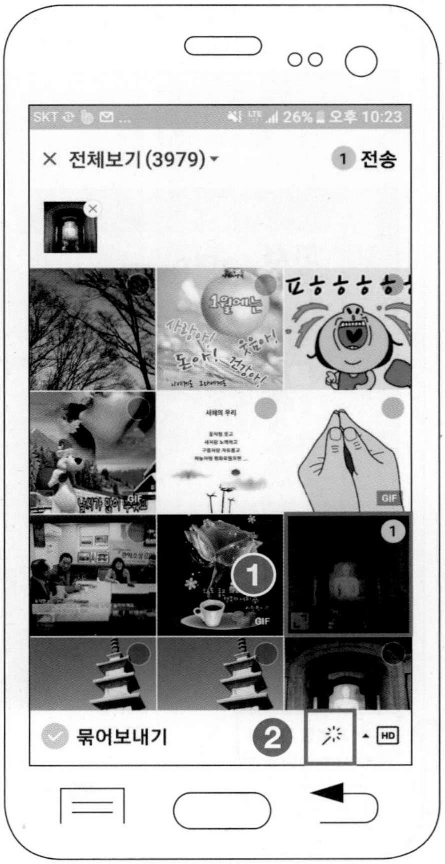

## ⑨ 카카오톡 대화 내용을 한 장으로 캡처하기

## ⑩ PC 버전 카카오톡하기

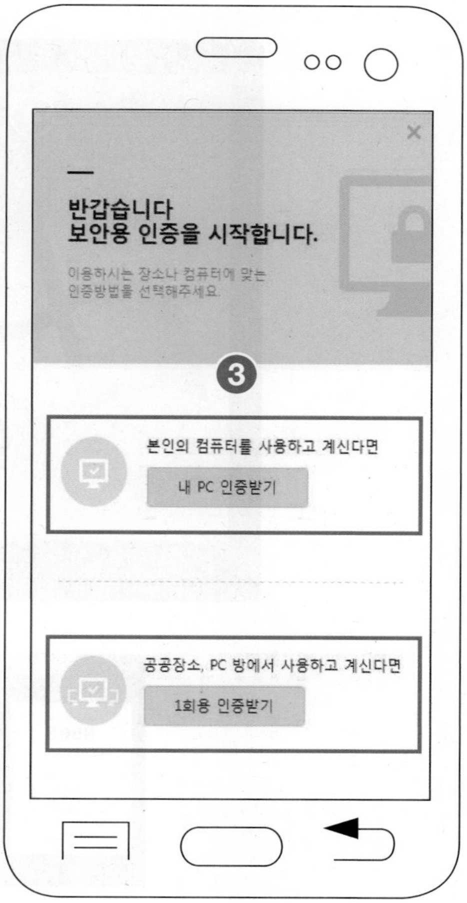

SKT
80% 오전 10:17
PC버전 인증번호 확인
PC버전 인증번호
8565
5
PC버전에서 인증번호를 입력해주세요.
안전한 이용을 위해, 인증번호는 타인에게 알려주지마세요

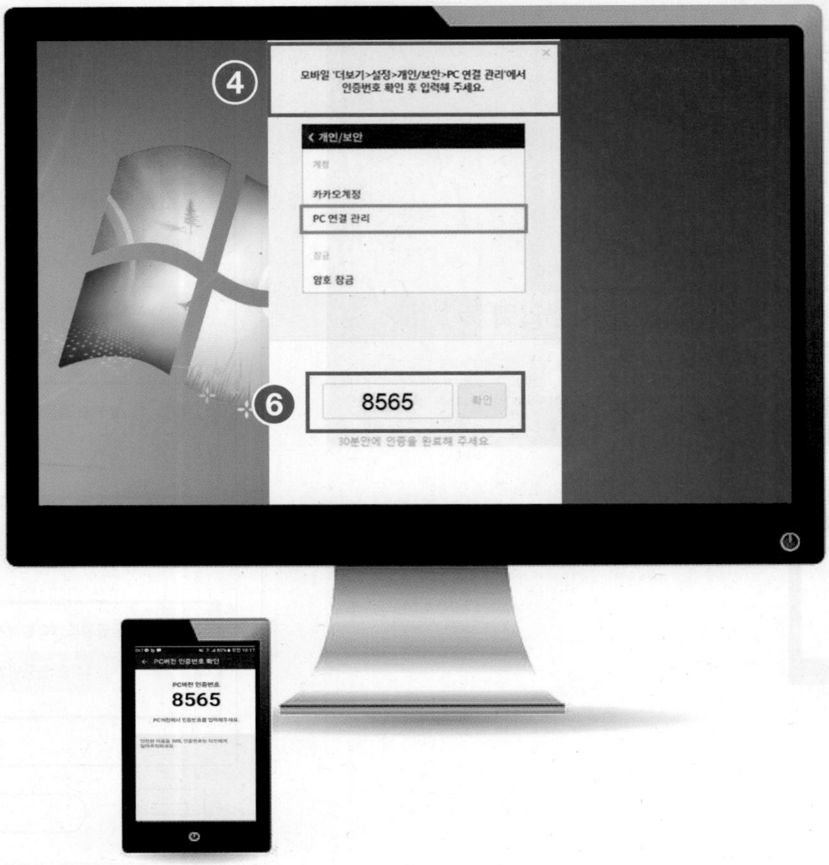
4
모바일 '더보기>설정>개인/보안>PC 연결 관리'에서 인증번호 확인 후 입력해 주세요.
개인/보안
카카오계정
PC 연결 관리
암호 잠금
6
8565
확인
30분안에 인증을 완료해 주세요
8565

# Step 06 밴드 활용하기

## ❶ 밴드 순서 정렬하기

## ❷ 내 밴드 만들기

## ③ 밴드 기본 설정하기

BAND
내 밴드
편집
내꺼
좋은글
(방재혁) 우리가족밴드
1
사진첩
왕초보반 강사모임
고급반
스마트폰4분기기초1반
스마트폰4분기기초2반
여의도스마트폰4분기중급
참다한 홍삼. 홍삼의 진실

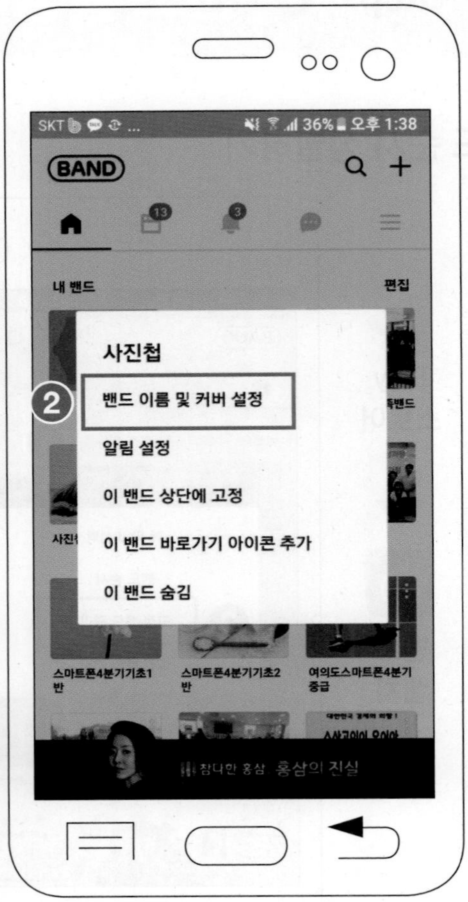
BAND
내 밴드
편집
사진첩
2
밴드 이름 및 커버 설정
알림 설정
이 밴드 상단에 고정
이 밴드 바로가기 아이콘 추가
이 밴드 숨김
참다한 홍삼. 홍삼의 진실

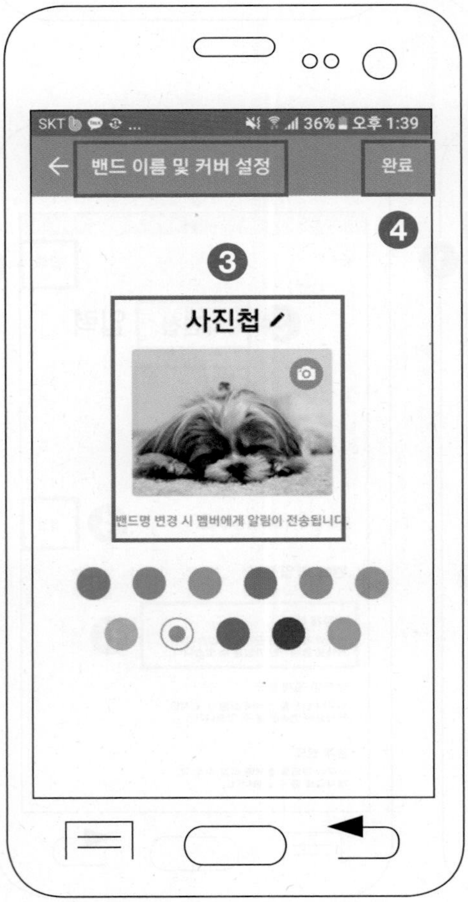
밴드 이름 및 커버 설정
완료
4
3
사진첩
밴드명 변경 시 멤버에게 알림이 전송됩니다.

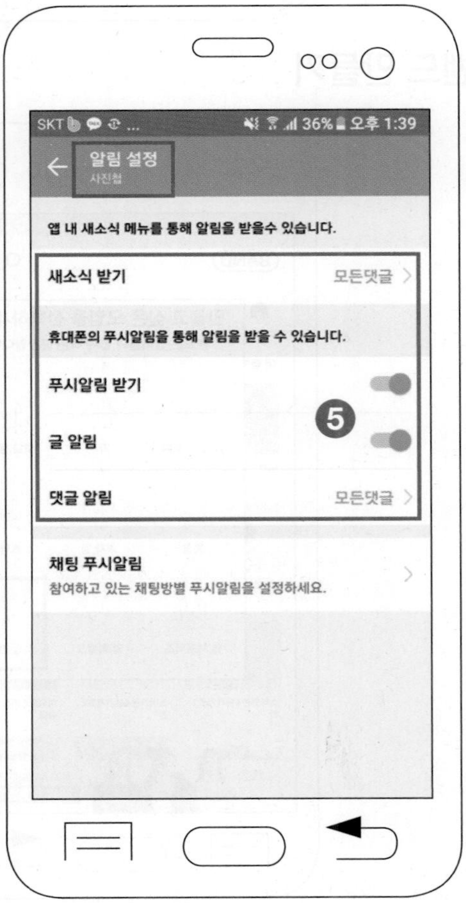
알림 설정
사진첩
앱 내 새소식 메뉴를 통해 알림을 받을수 있습니다.
새소식 받기
모든댓글
휴대폰의 푸시알림을 통해 알림을 받을 수 있습니다.
푸시알림 받기
5
글 알림
댓글 알림
모든댓글
채팅 푸시알림
참여하고 있는 채팅방별 푸시알림을 설정하세요.

## ④ 사진첩 밴드에 사진 보관하기

## ⑤ 내 밴드에 좋은 글 보관하고 검색하기

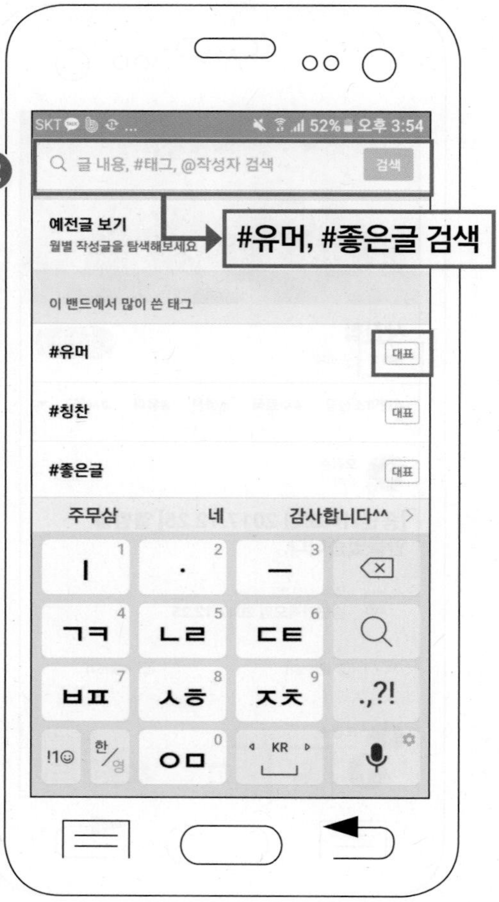


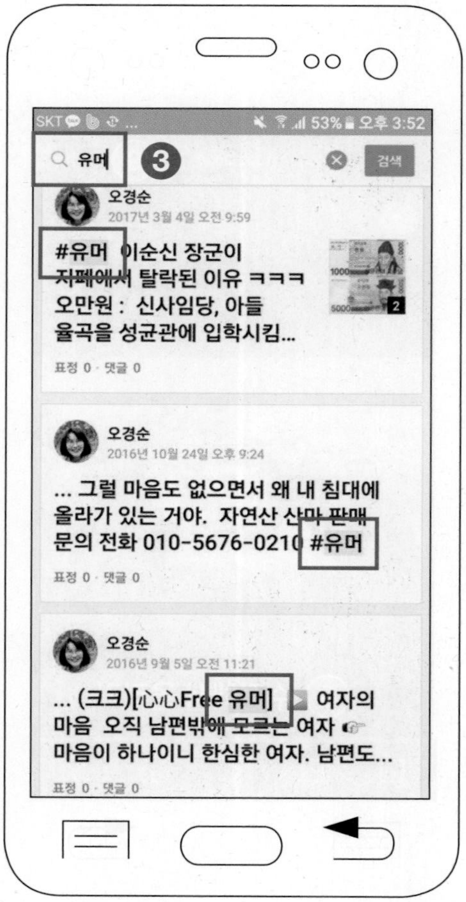


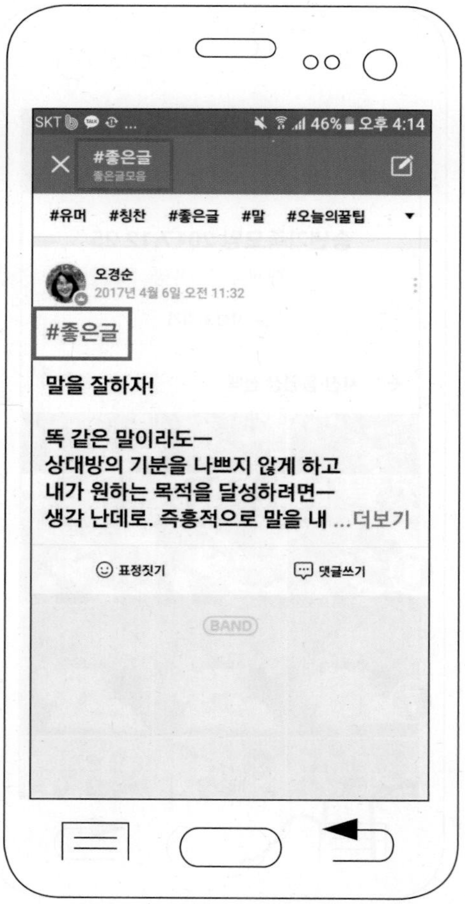

## ❻ 밴드 멤버 연락처 한번에 저장하기

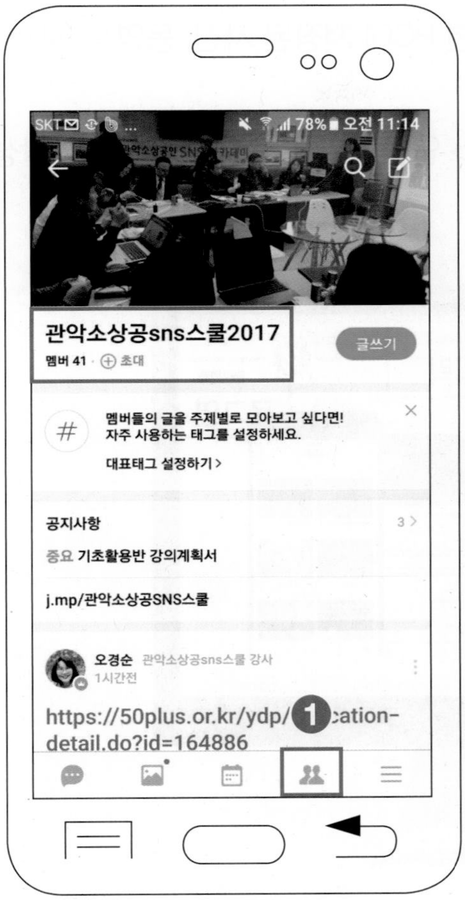

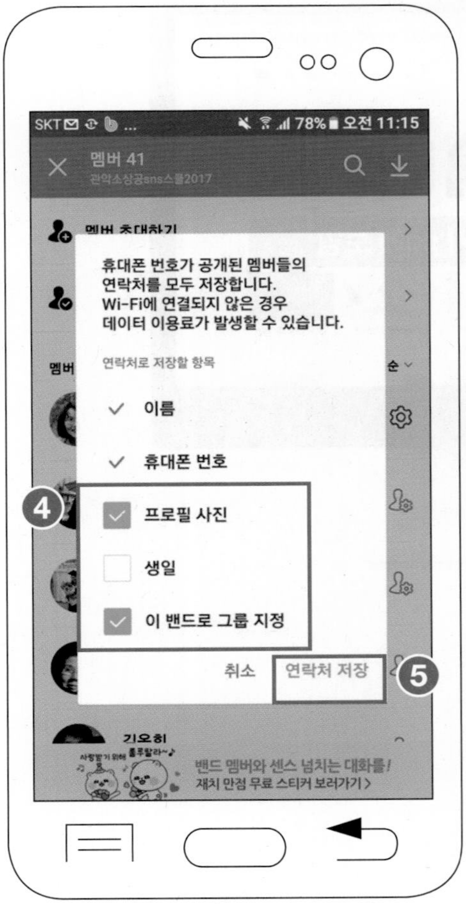


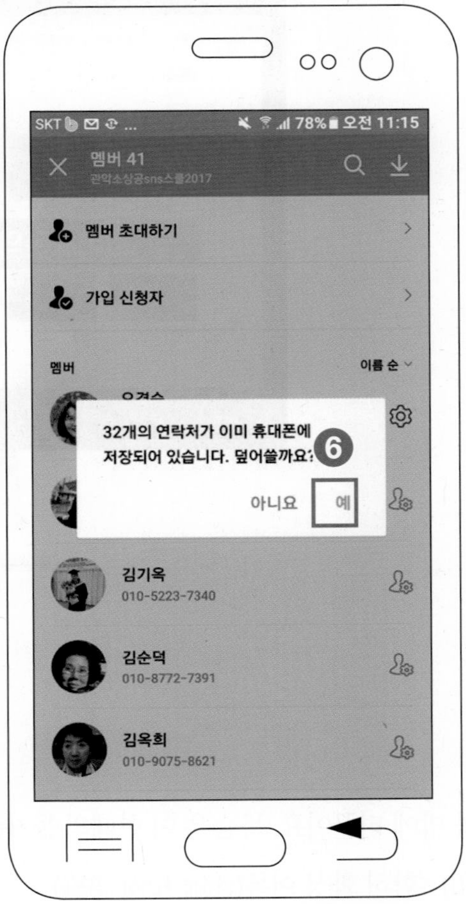

## ⑦ PC 버전 밴드 활용법

스마트폰이 없어도 PC 버전 밴드를 활용하면 PC에 저장된 사진, 동영상, 파일 등을 게시글에 쉽게 첨부할 수 있습니다.

스마트폰의 밴드 어플에서 설정 > 계정관리 > 연결된 서비스 > 네이버 등록 활성화

재물은 몸 밖에 티끌이요, 목숨은 이 한때의 물거품이다.

기화(己和) <함허 화상 어록(涵虛 和尙 語綠)

# MEMO

제6장

# 스마트폰 가볍게 하기

- Step 1 오래된 문자, 카톡, 앱 삭제하기
- Step 2 스마트폰 파일 관리하기
- Step 3 클라우드 서비스 활용하기
- Step 4 구글 포토 활용하기

# Step 01 오래된 문자, 카톡, 앱 삭제하기

## ❶ 오래된 문자 삭제하기

메시지

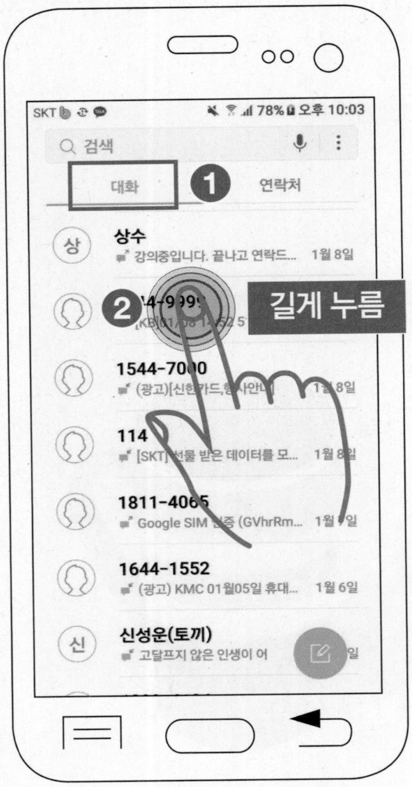

## ❷ 오래된 카카오톡 대화방 삭제하기

## ❸ 카카오톡 대화방 미디어 파일 삭제하기

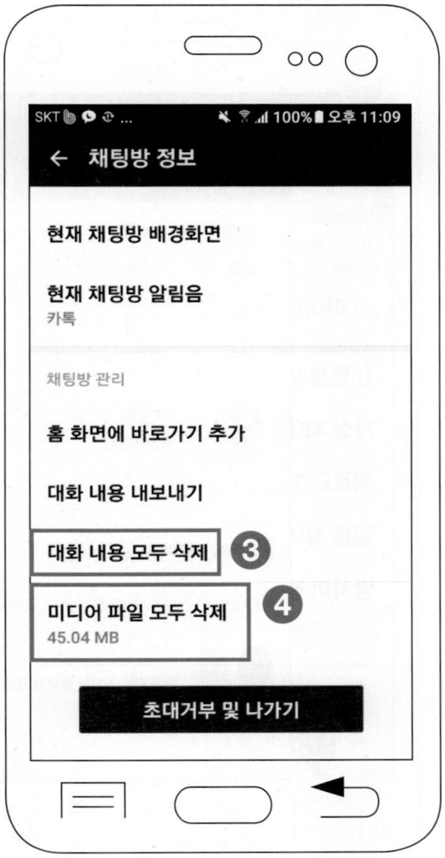


## ❹ 카카오톡 저장공간 관리하기

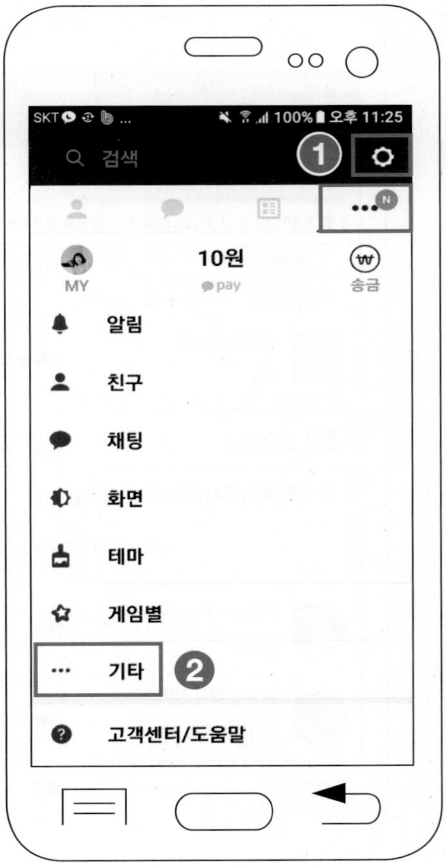


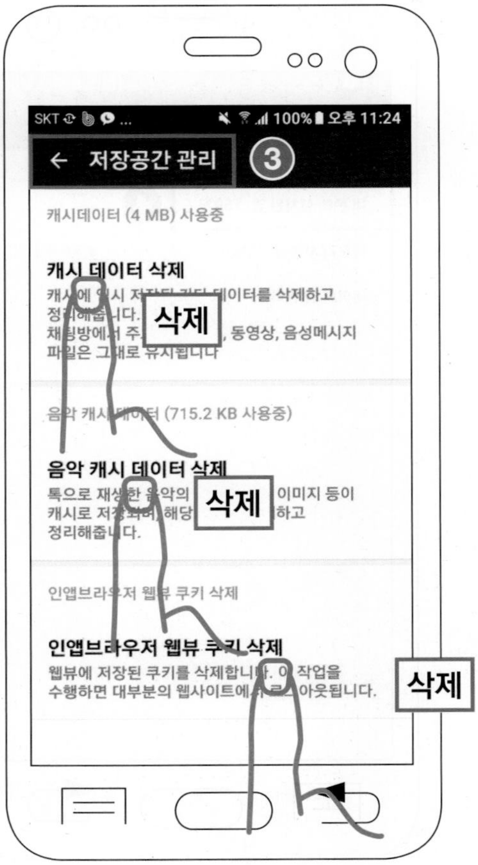

## ❺ 안 쓰는 앱 삭제하기

네이버

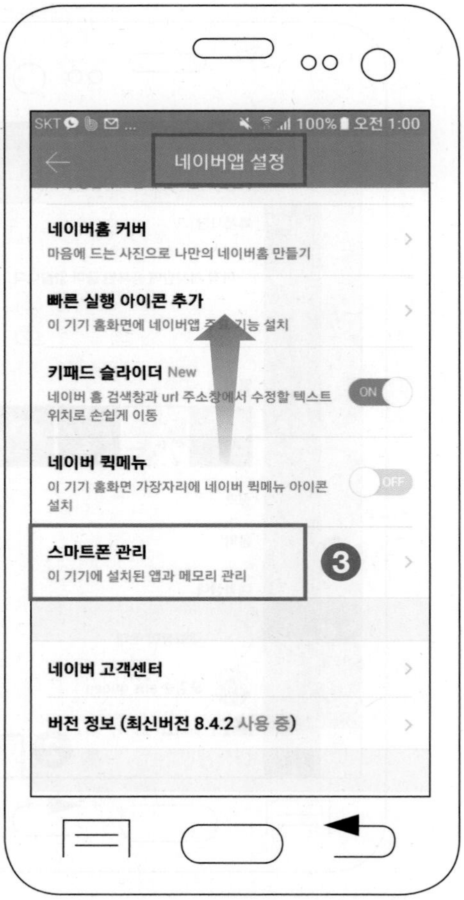


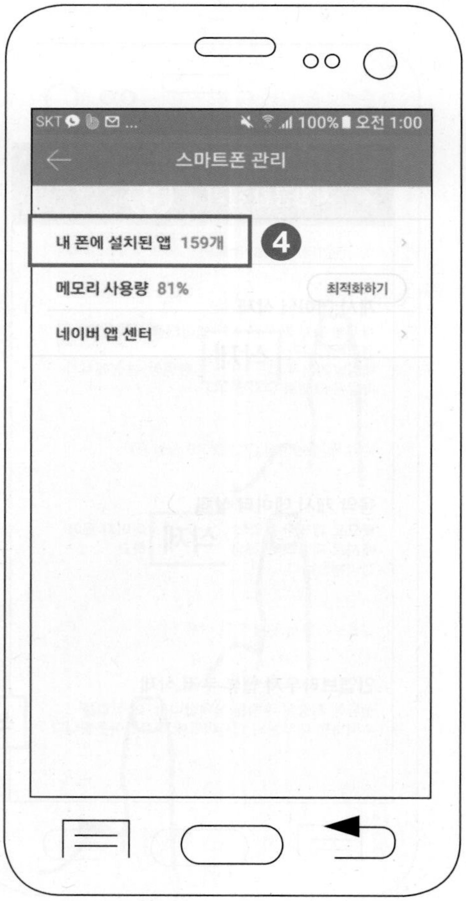

## ❻ 삭제한 앱 캐시 삭제하기

Play
스토어

# ⑦ 네이버 인터넷 사용 기록 삭제하기

네이버

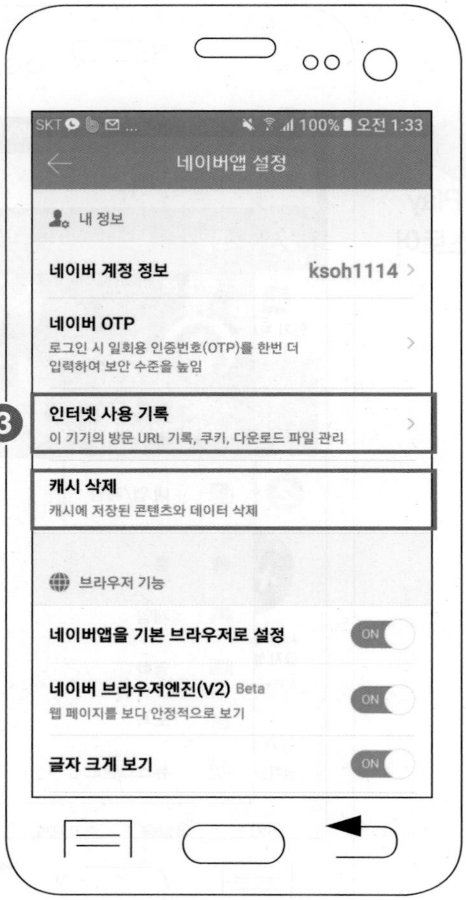


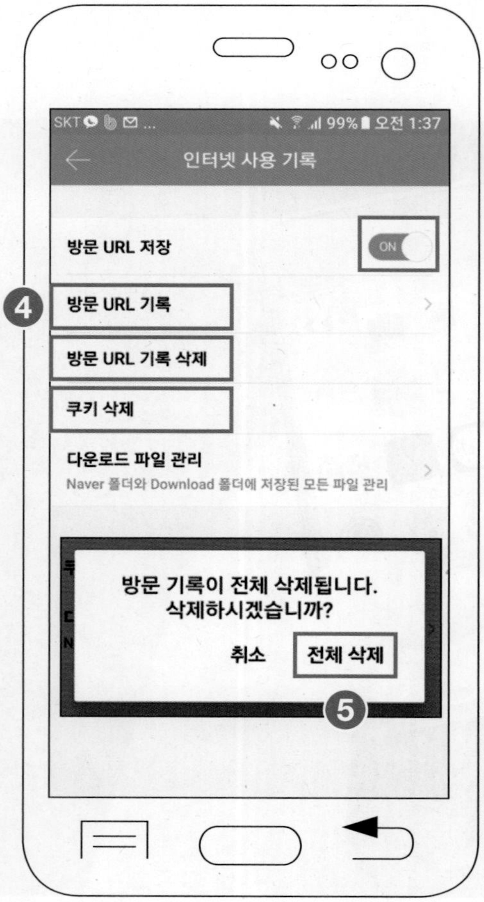


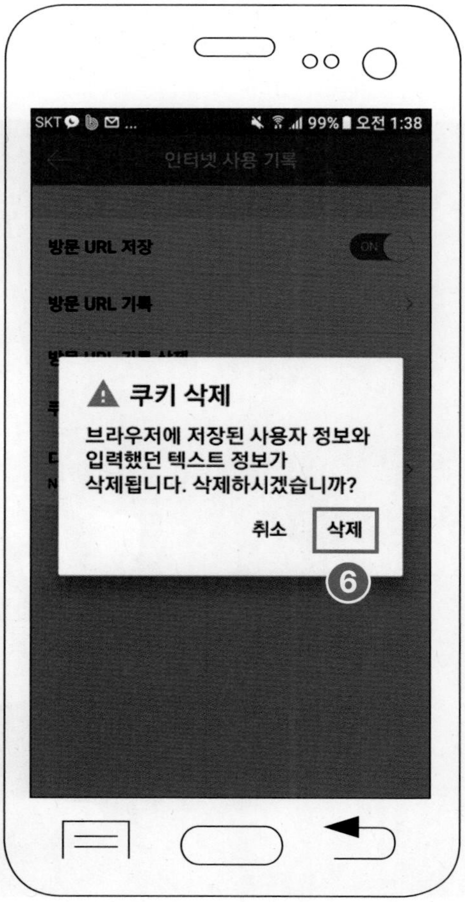

# Step 02 스마트폰 파일 관리하기

## ❶ 내 파일 저장공간 확보하기

내 파일

SKT ... 100% 오후 1:10
10
전체
6
삭제
7
중복 파일 (83.24MB)
모두
2017_12_10 00:01 (2개)
/내장 메모리/video
2017년 12월 10일 오...
/내장 메모리/video
2017년 12월 10일 오...
-1560893142_161.jar (2개)
/내장 메모리/Android/
framework/
1월 5일 오후 4:20
/내장 메모리/Android/
framework/
2017년 12월 30일 오...
-1560893142_161 (2개)
/내장 메모리/Android/
framework/
1월 5일 오후 4:20

SKT ... 100% 오후 1:09
22683
전체
8
삭제
9
불필요한 파일 (818KB)
삭제해도 안전한 파일입니다. 파일을 삭제해도 앱 또는 데이터는 삭제되지 않으며, 휴대전화를 최적화하여 사용할 수 있습니다.
로그 파일 2개
임시 파일 22611개
빈 파일 70개
로그 파일
navertv.log
/내장 메모리
debug.log
/내장 메모리/Kwai/.debug
임시 파일
570538939.tmp
/내장 메모리/storage/emulate...
Screenshot...bf259.tmp

## ❷ 내 파일 이동, 공유하기

SKT ... 100% 오후 1:41
3
전체
2
공유
삭제
내 파일 > 문서 > 내장 메모리
1 길게 누름
obileTmoney.txt
10일 오후 1:03 882KB
강사프로...순-2.hwp
2017년 11월 13... 141KB
2017.3분...) (2).hwp
2017년 9월 18... 18.50KB
ICT활용 교... (5).hwp
2017년 9월 13... 24.00KB
ICT활용 교... (2).hwp
2017년 9월 13... 19.50KB

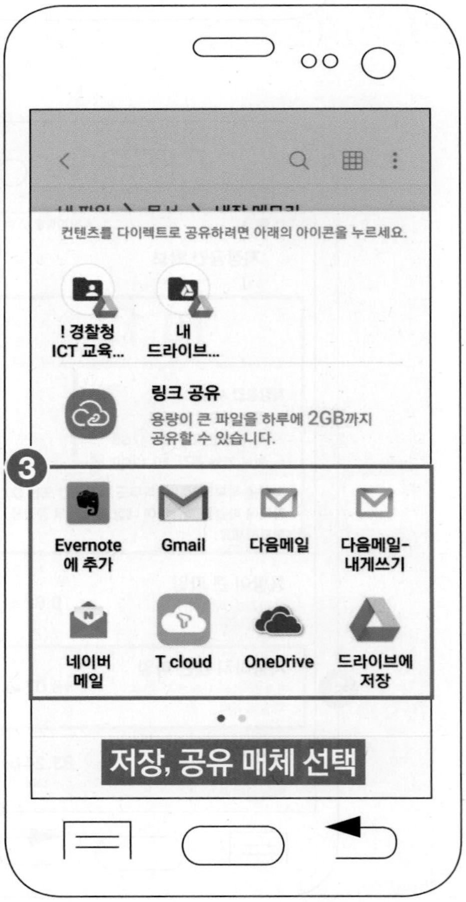
컨텐츠를 다이렉트로 공유하려면 아래의 아이콘을 누르세요.
! 경찰청
ICT 교육...
내
드라이브...
링크 공유
용량이 큰 파일을 하루에 2GB까지 공유할 수 있습니다.
3
Evernote
에 추가
Gmail
다음메일
다음메일-
내게쓰기
네이버
메일
T cloud
OneDrive
드라이브에
저장
저장, 공유 매체 선택

## ❸ 내 자료 홈 화면에 저장하기

내 파일

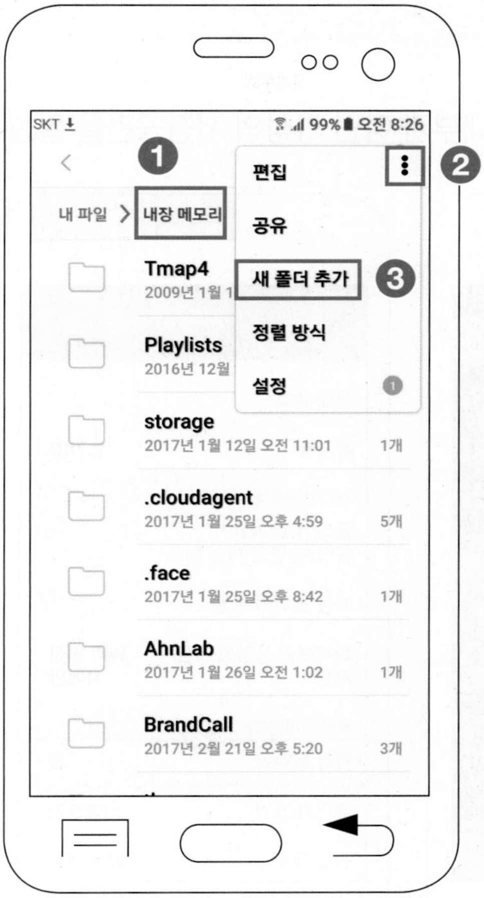


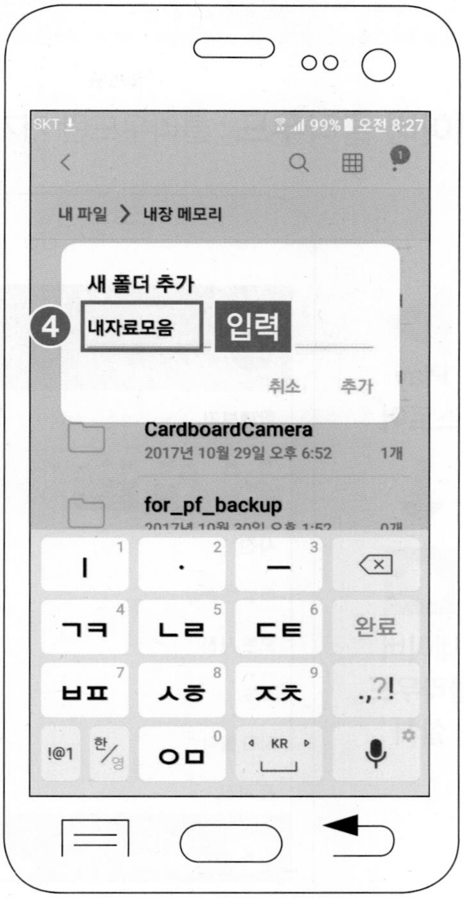


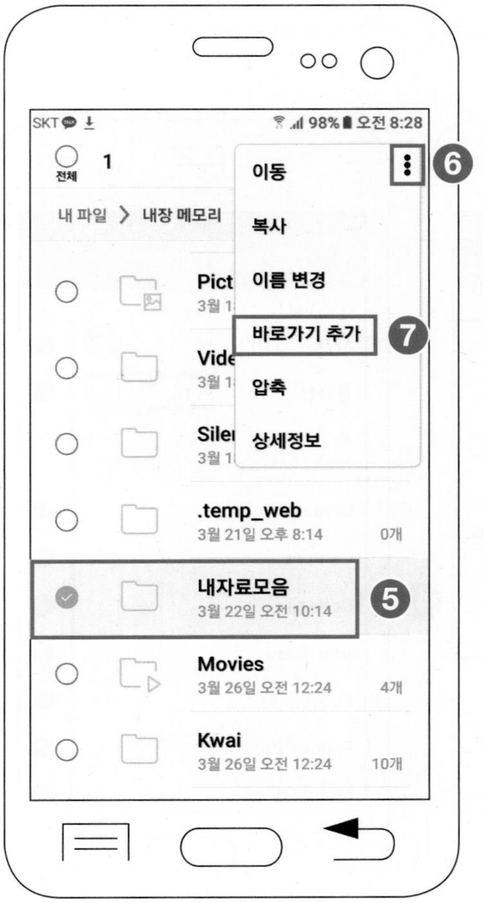


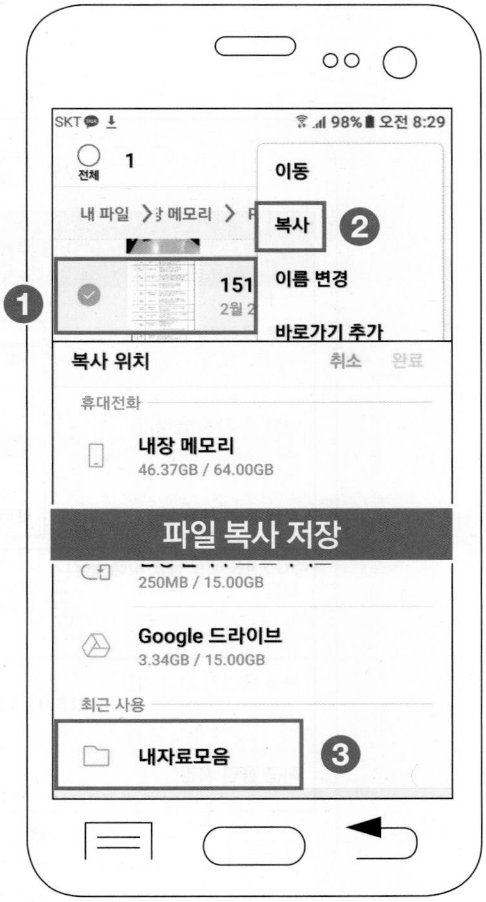

# Step 03 클라우드 서비스 활용하기

❶ **네이버 클라우드** : 클라우드란 기기 내부가 아닌 가상의 저장공간을 말합니다.

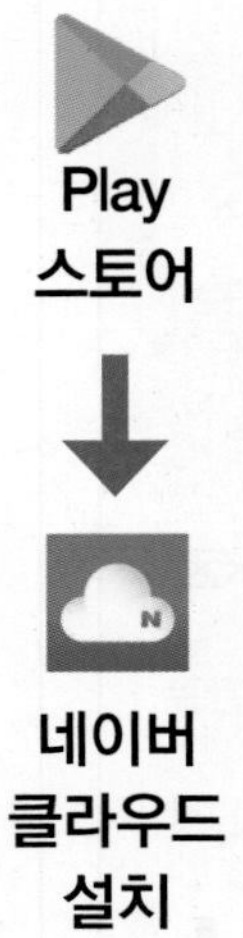


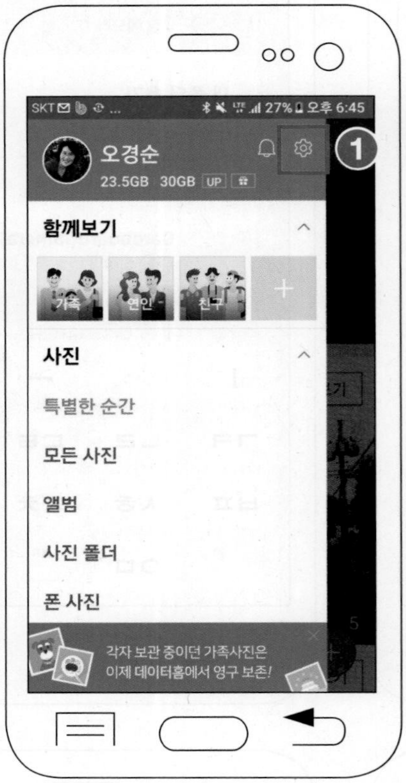

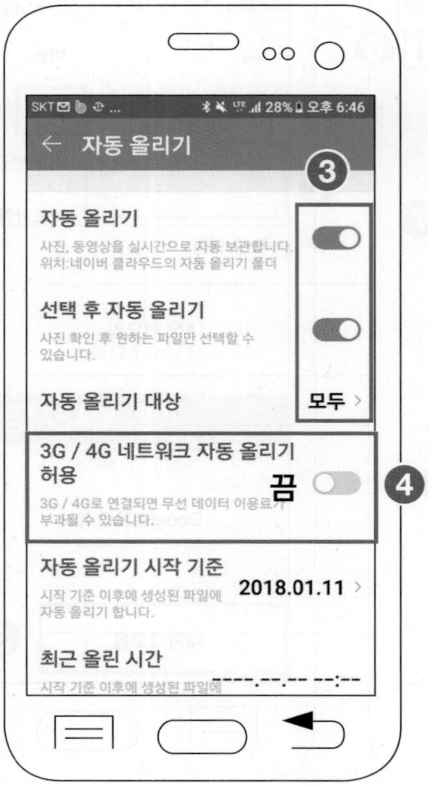

## ❷ 드롭박스(Dropbox)

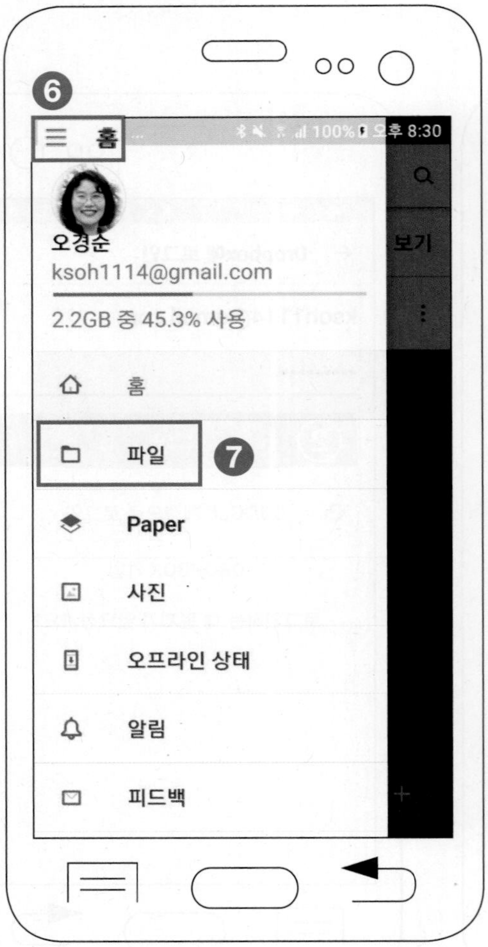


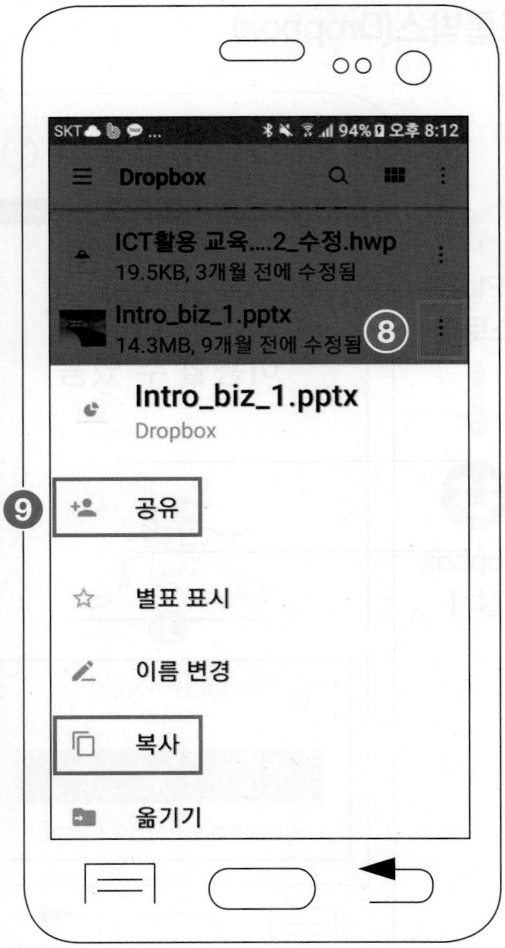

장사는 돈 계산을 하는 것이 아니다.

그것은 바로 다른 사람의 마음을 사는 것이다.

미시마 가이운('칼피스'(몽고식 마시는 요구르트) 창시자)

## ③ 원드라이브(OneDrive) : Microsoft 계정이 있으면 무료로 5GB를 사용할 수 있습니다.

## ④ **구글 드라이브(Google Drive)** : 구글 계정이 있으면 15GB 사용이 무료입니다.

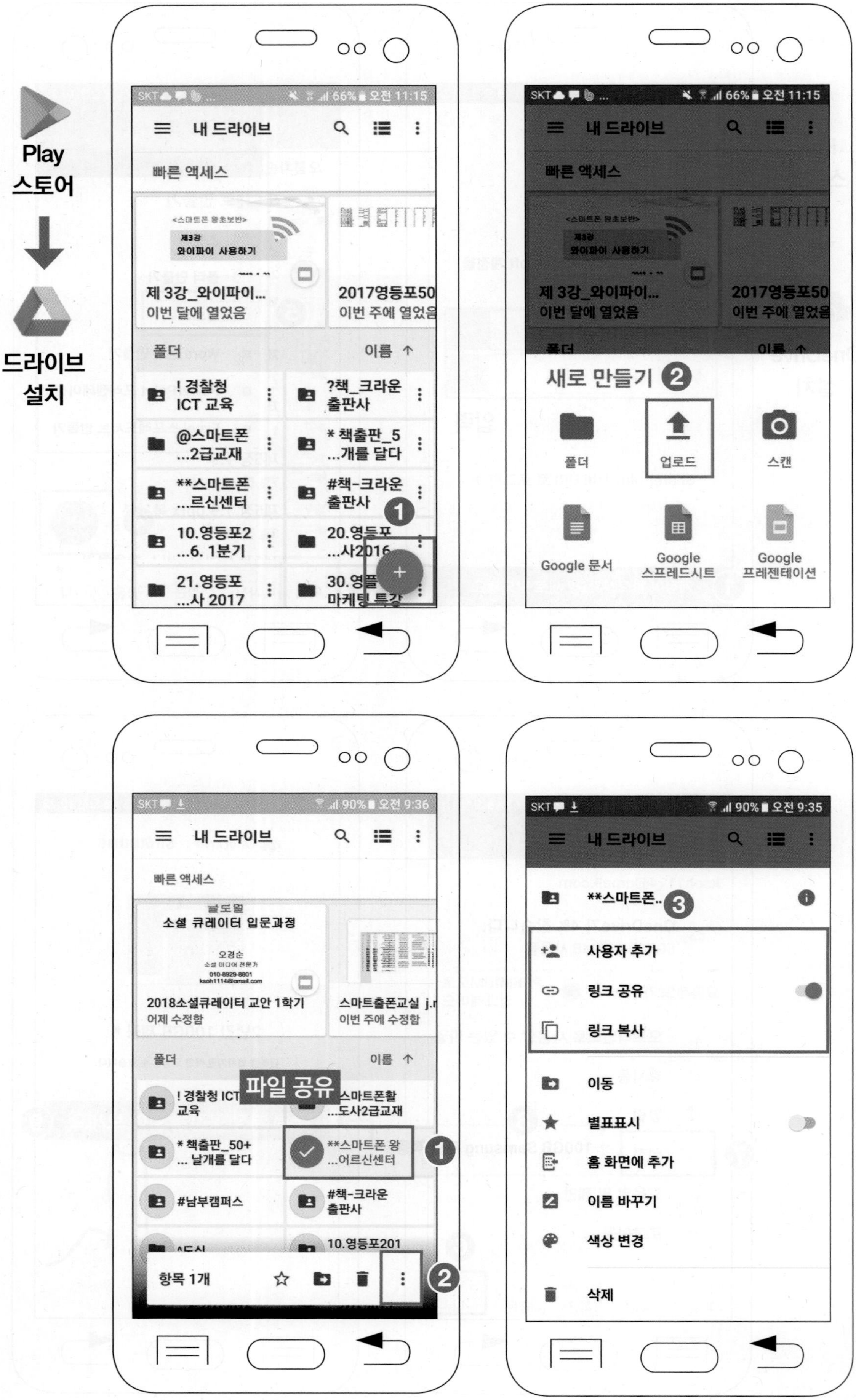

## Step 04 구글 포토 활용하기

구글 포토는 스마트폰의 사진을 고화질로 자동 저장하는 클라우드로 평생 무료입니다.

Play
스토어

↓

포토
설치

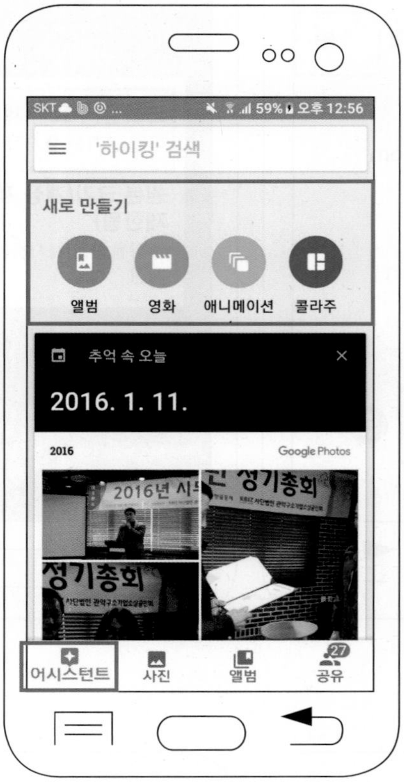

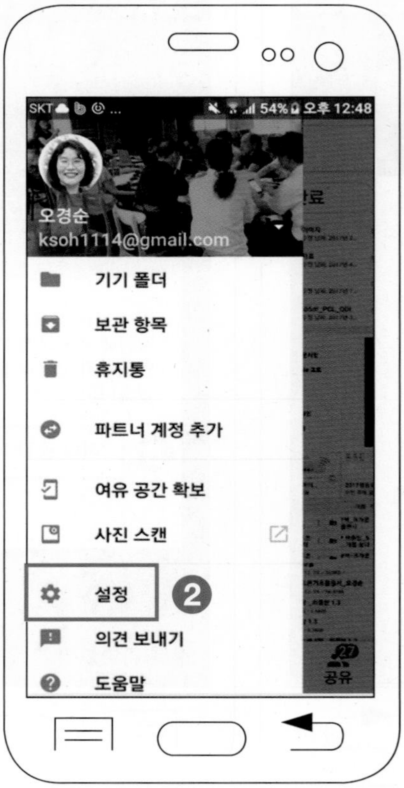

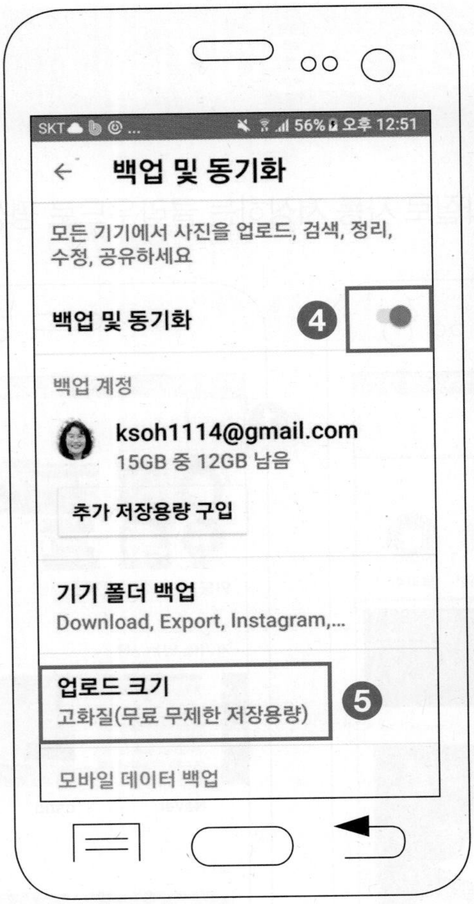


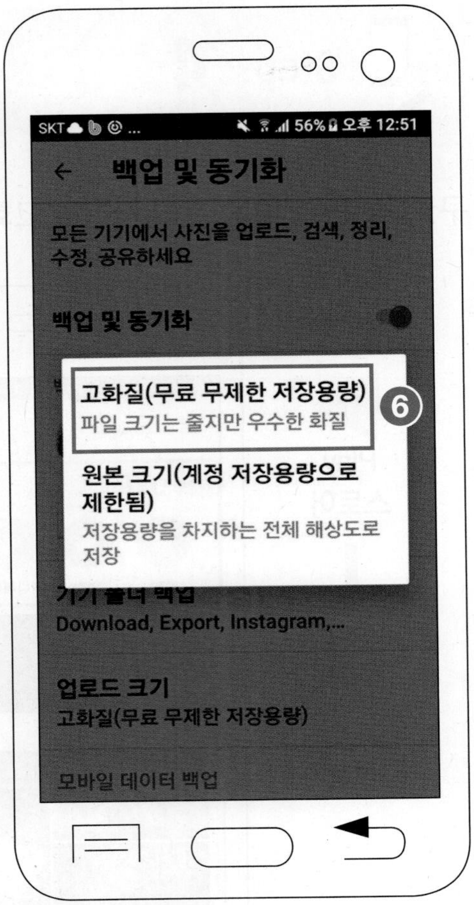


Tip

구글 포토에 업로드된 사진은 스마트폰 갤러리에서 삭제하여 여유 공간을 확보합니다.

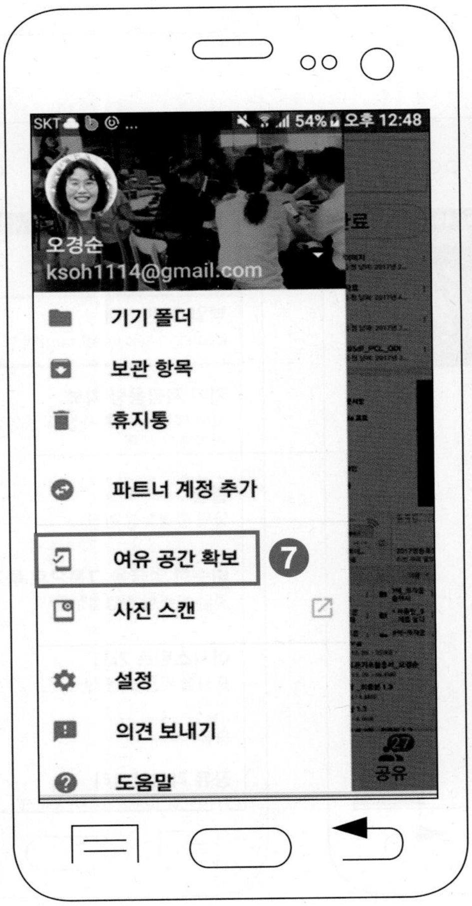

MEMO

# 제 7 장

# 지도 및 교통 서비스 이용하기

Step 1 네이버 지도로 검색하고 길 찾기

Step 2 네이버 지하철 이용하기

Step 3 카카오 내비게이션 이용하기

Step 4 카카오 버스와 택시 이용하기

Step 5 T머니 교통카드 이용하기

Step 6 승차권 예매하기

# Step 01 네이버 지도로 검색하고 길 찾기

## ❶ 원하는 곳 검색하고 정보 알기

## ❷ 목적지 찾아가기

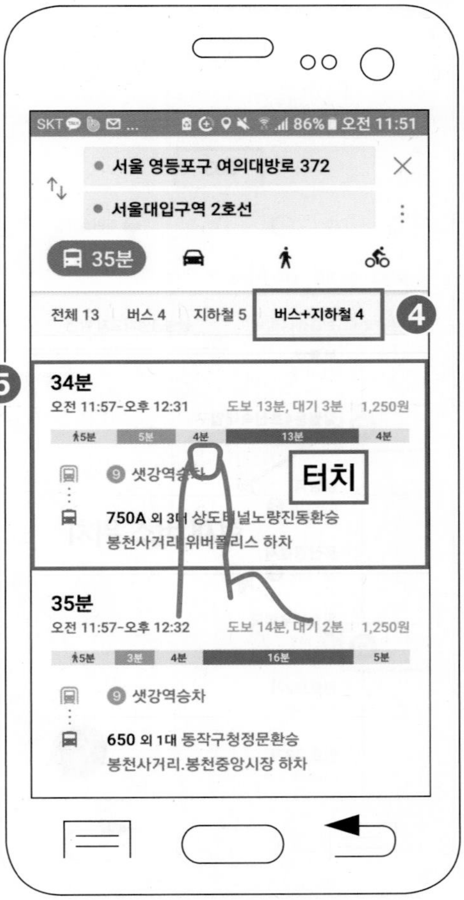


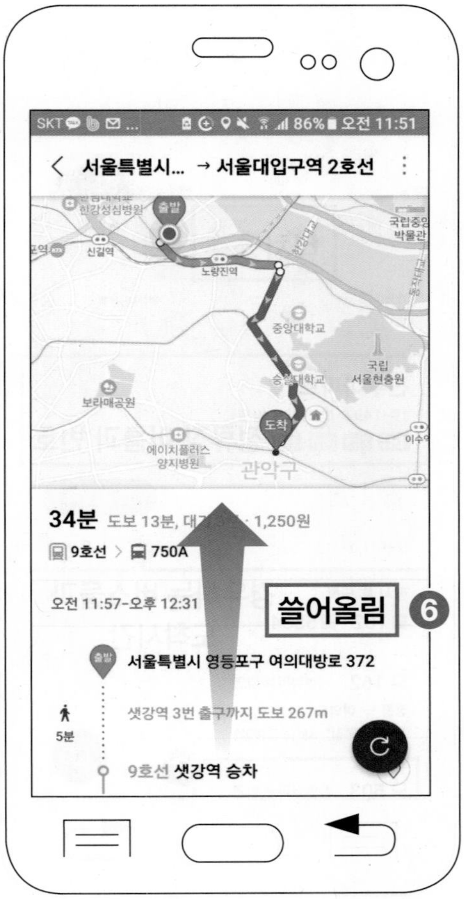


## ③ 버스 정류장 찾고 버스 도착 시간 알기

터치
5
진주아파트
19-149 (시범아파트 방면)
정류장 이름과 번호
길찾기
오전 11:02 기준
잠시 후 도착
162 5534
경유하는 버스들과
도착시간
162 시범아파트 방면
정릉 ↔ 여의도
1분(1정류장), 8분(6정류장)
6
503 시범아파트 방면

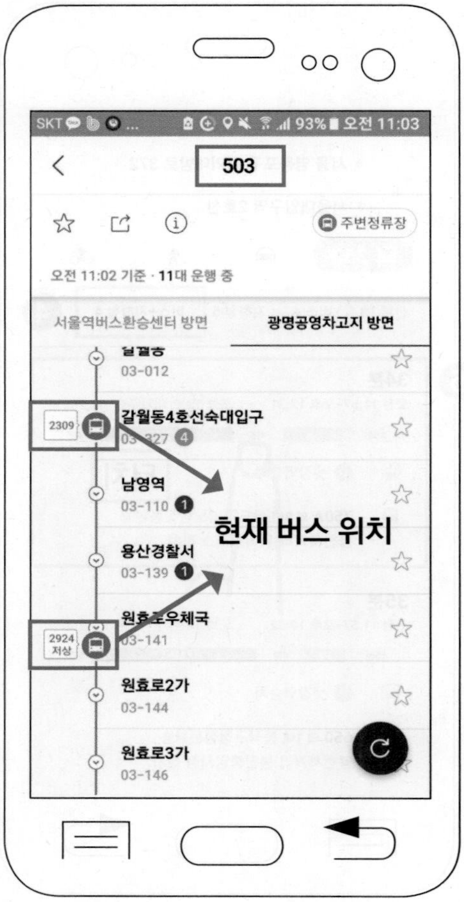
503
주변정류장
오전 11:02 기준 · 11대 운행 중
서울역버스환승센터 방면
광명공영차고지 방면
갈월동4호선숙대입구
남영역
03-110
현재 버스 위치
용산경찰서
03-139
원효로2가
03-144
원효로3가
03-146

## ④ 현재 교통 상황 보기

장소, 버스, 지하철, 도로 검색
일반지도
1
위성지도
지형도
파노라마
실내지도
즐겨찾기
교통정보
2
대중교통
CCTV
자전거
등산로
지적편집도
길찾기

장소, 버스, 지하철, 도로 검색
빨강 정체
주황 지체
초록 원활
길찾기

# ❺ 자전거 도로 보기

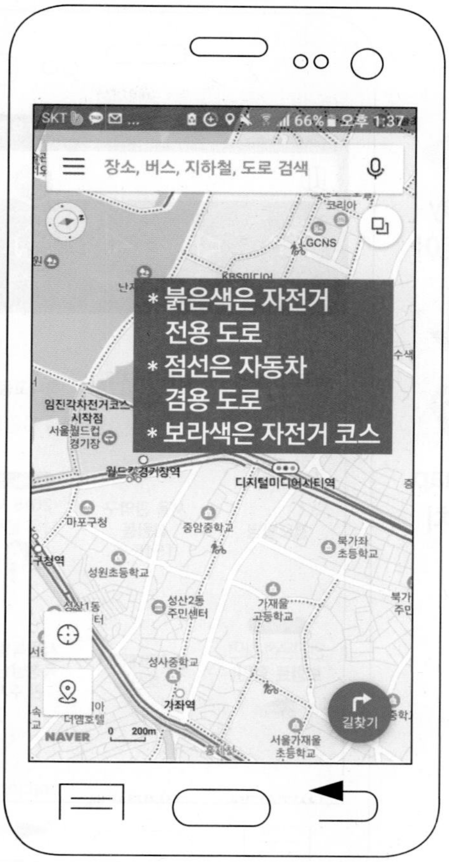


# ❻ 등산로 보기

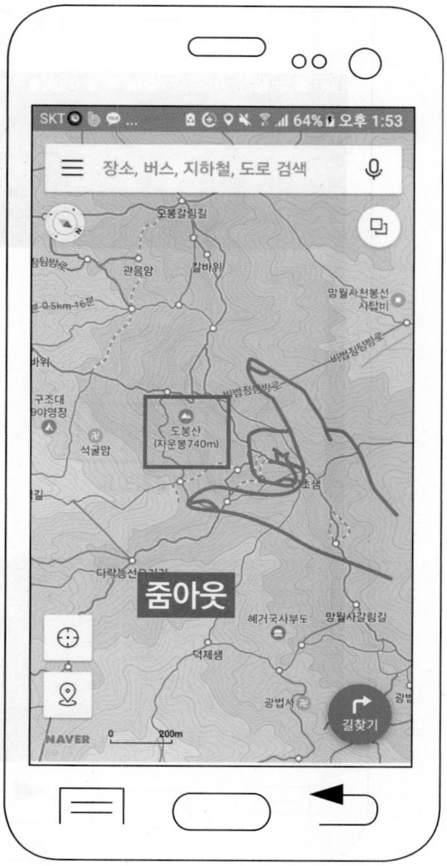

## ⑦ T map에서 주유소 찾기

# ⑧ T map에서 ATM 기기 찾기

T map

# ⑨ T map 음성 명령하기 : ①를 터치하거나 '아리아'라고 부릅니다.

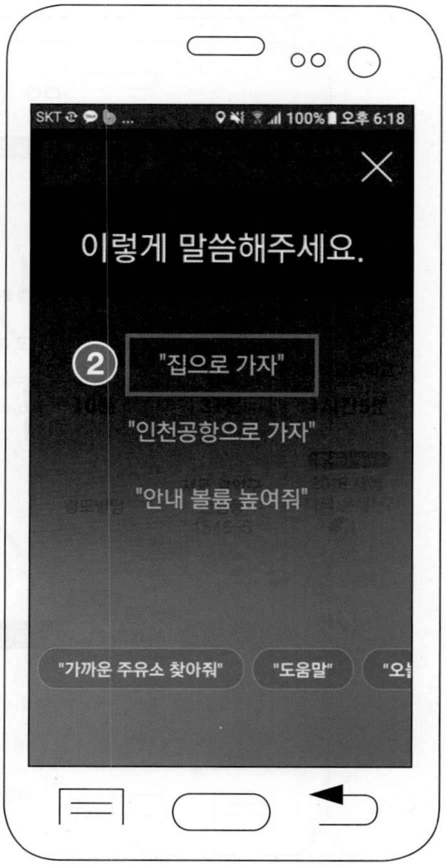

# Step 02 네이버 지하철 이용하기

## ❶ 원하는 곳 검색하고 정보 알기

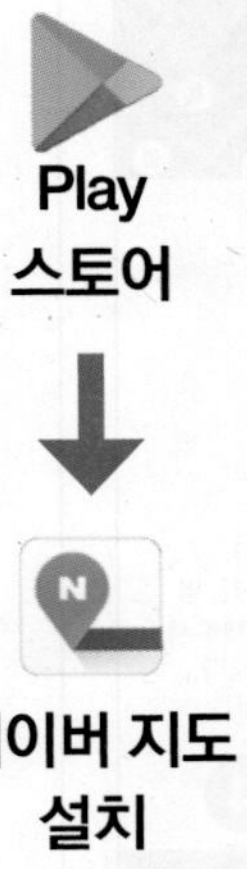

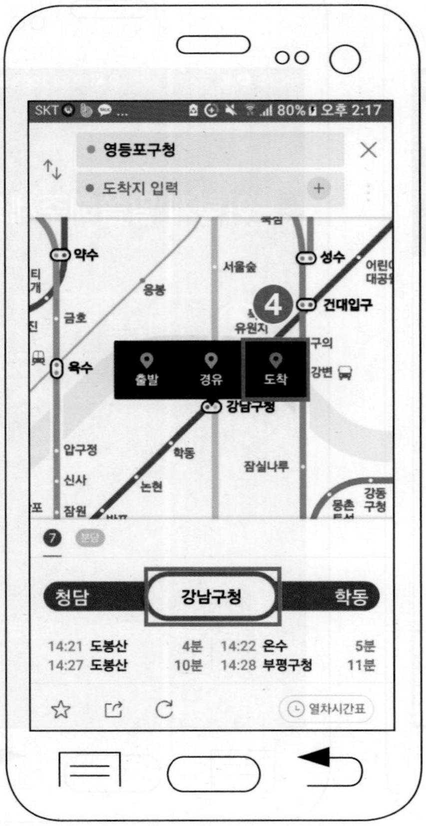

# Step 03 카카오 내비게이션 이용하기

## ❶ 우리집 등록하기

Play
스토어

카카오내비
설치

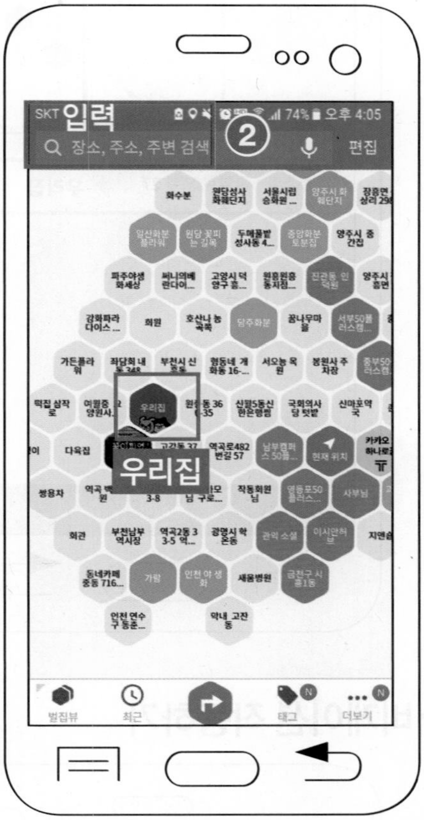


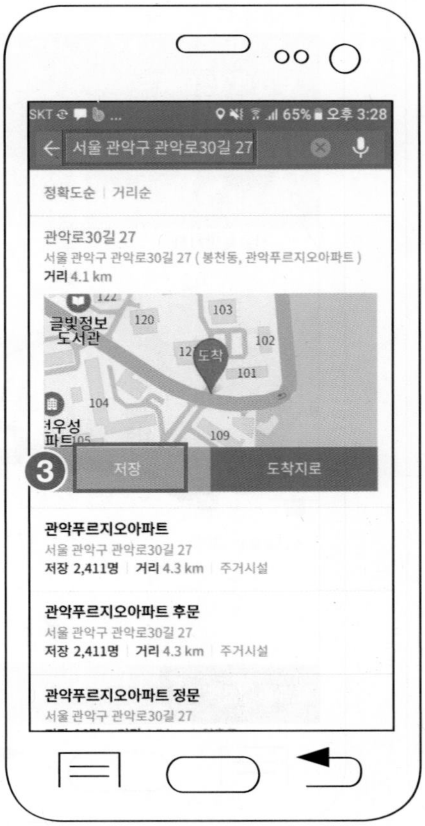

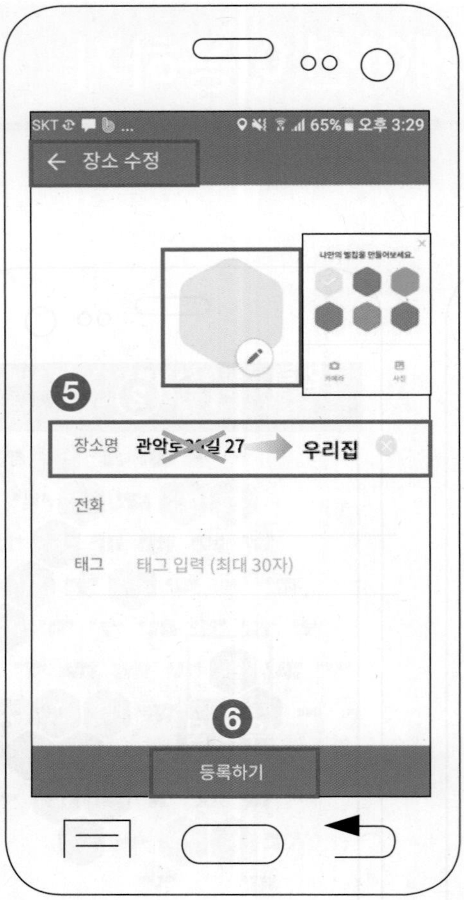
장소 수정
5
장소명 관악로30길 27 우리집
전화
태그 태그 입력 (최대 30자)
6
등록하기

거리, 방향 순 배열
주제별 색깔 지정
우리집

② 내비게이션 작동하기

롯데월드타워
1
롯데월드 주변 타워(으)로 재검색하기 >
정확도순 | 거리순
지역 선택
롯데월드타워
서울 송파구 올림픽로 300
저장 3,744명 | 거리 15 km | 빌딩
잠실역(송파구청)
2
저장
상세
도착지로
롯데월드타워 주차장입구
서울 송파구 올림픽로 300
저장 3,744명 | 거리 15 km | 빌딩
롯데월드타워&롯데월드몰 주차장입구
서울 송파구 올림픽로 300
저장 2,380명 | 거리 15 km | 주차장

롯데월드타워
서울 송파구 신천동 29
#태그를 추가해보세요.
장소수정
상세정보
주변정보
카톡공유
추천경로1 39분
거리 20 km | 통행료 0원
추천경로2 50분
거리 16 km | 통행료 0원
3
주변 주차장 보기
길안내 시작

## ③ 추천 경로, 무료 도로 선택하기

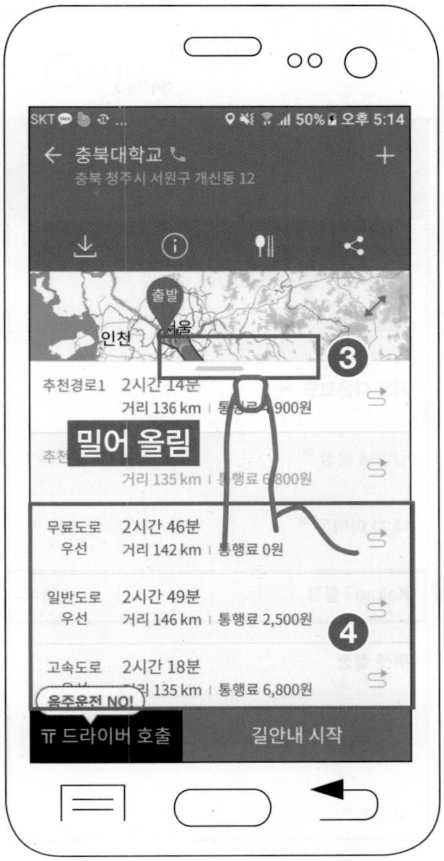


## ④ 안내 음성 변경하기

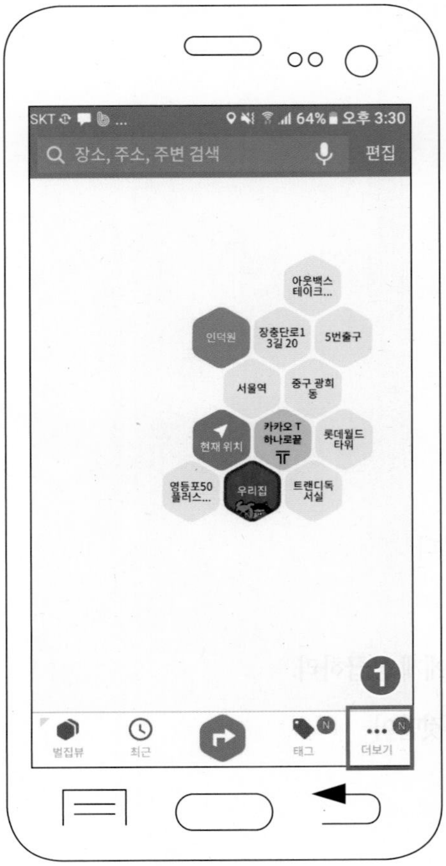


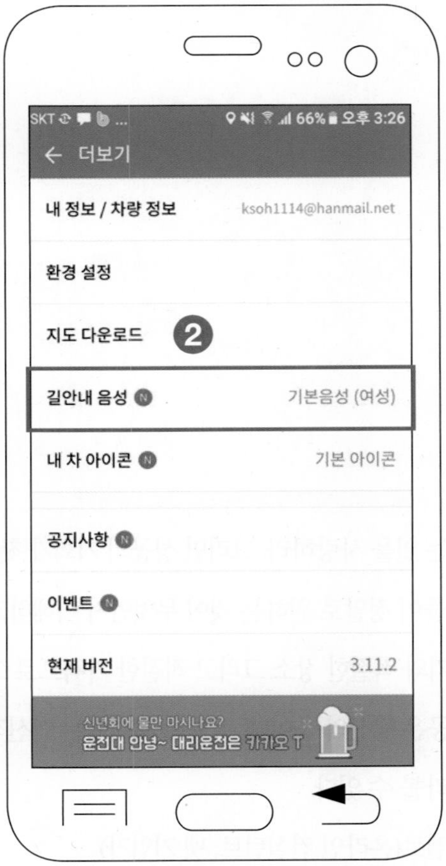

## ⑤ 음성으로 내비게이션 작동하기

당신이 하는 일을 사랑하라. 그러면 성공의 기회가 찾아온다.
다른 사람들이 정말로 원하는 것이 무엇인지 이해하고
적절한 시기와 적절한 장소 그리고 적절한 가격으로 그들에게 공급하라.
그러면 성공은 당신의 몫이다. 정보화 시대에는 혁신적인 것만이
미래를 바라볼 수 있다.
사이몬 안젤로(온라인 컨설턴트, 넷 기업가)

# Step 4 카카오 버스와 택시 이용하기

## ❶ 집 앞 버스 정류장 버스 도착 시간 알기

## ❷ 낯선 곳에서 버스 정류장 찾기

## ❸ 카카오 택시 호출하기

Play 스토어

↓

카카오 T 설치

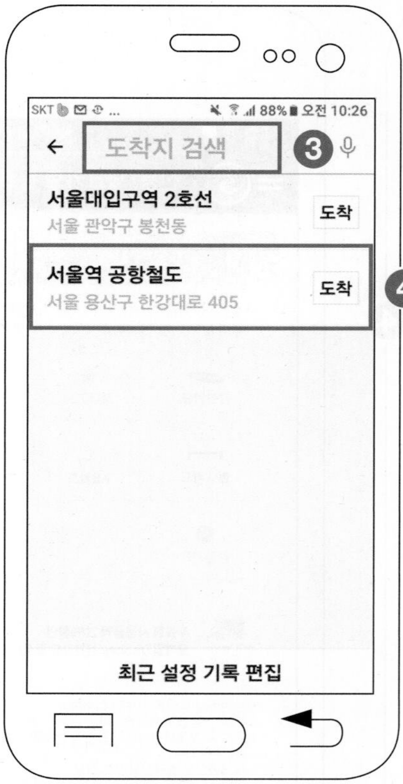


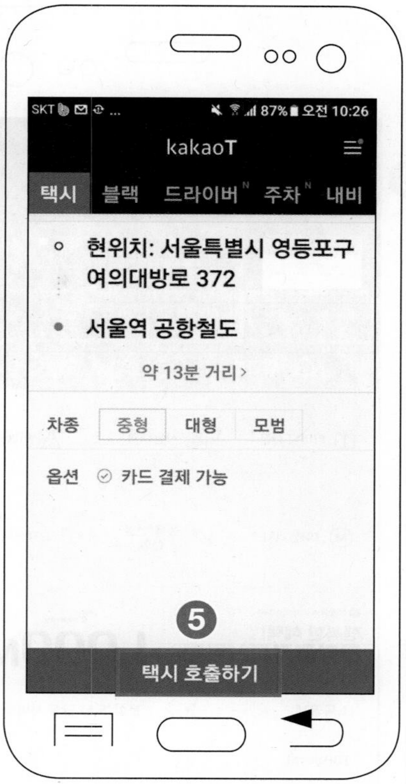


# Step 05 T머니 교통카드 이용하기

## ❶ 후불 교통카드 스마트폰에 등록하고 사용하기

Play 스토어

↓

모바일 티머니 설치

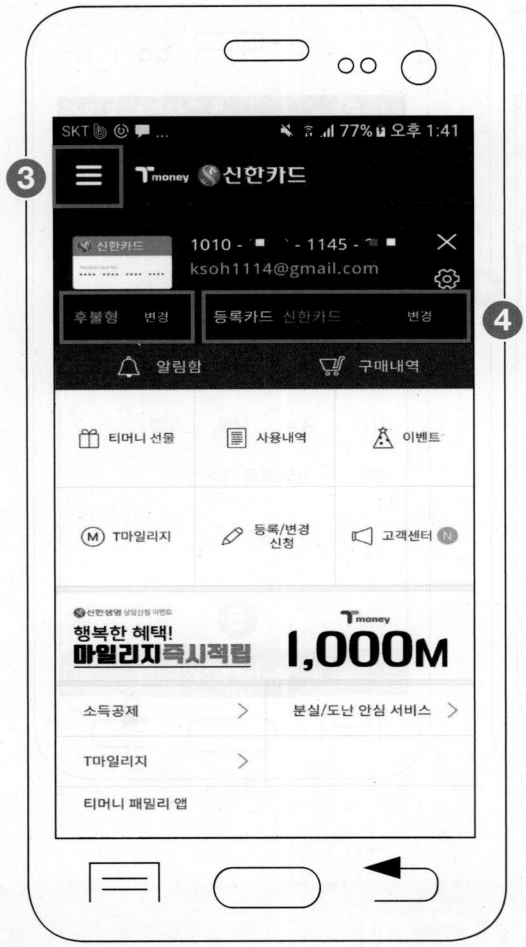
3
Tmoney 신한카드
1010 - [redacted] - 1145 - [redacted]
ksoh1114@gmail.com
후불형 변경
등록카드 신한카드 변경
4
알림함
구매내역
티머니 선물
사용내역
이벤트
T마일리지
등록/변경 신청
고객센터
행복한 혜택!
마일리지즉시적립
1,000M
소득공제
분실/도난 안심 서비스
T마일리지
티머니 패밀리 앱

5
신용/체크카드 등록
신용카드 후불형 서비스
사용한 금액만큼 신용/체크 카드 대금으로 청구됩니다.
이용하실 카드를 선택해주세요.
삼성카드
하나카드
우리카드
현대카드
KB카드
NH카드
신한카드
후불형 사용금액 20%할인
모바일Tmoney 신한카드 출시!
지금 발급
• 본인명의 휴대폰,카드만 이용가능 (가족카드는 가족회원 기준)
• 등록 시 최초이용가능 금액만큼 신용한도 차감 (해지 시 원복)
• 체크카드도 소액신용한도 필요 (카드사 정책에 따라 일부 체크카드 이용제한)
• 하나카드는 (구)외환카드, (구)하나SK카드 포함
• 카드 변경은 일 3회 가능

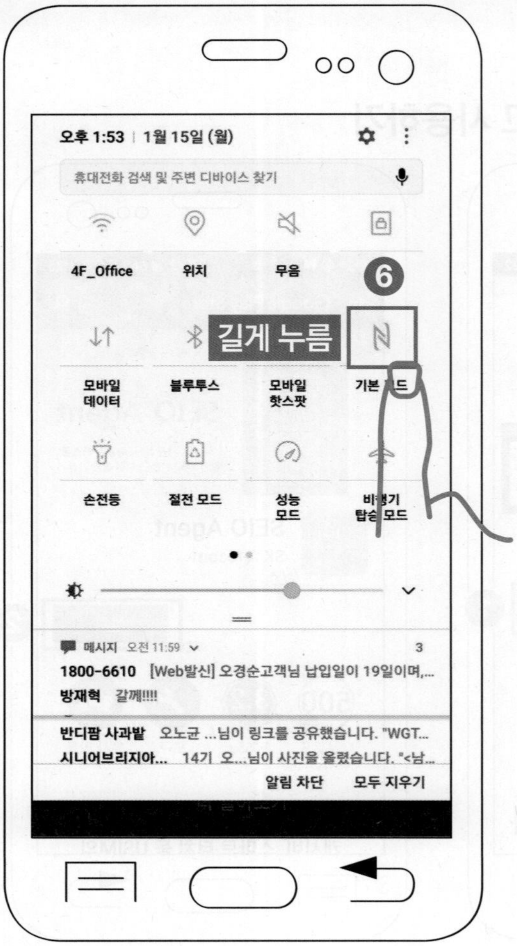
오후 1:53 | 1월 15일 (월)
휴대전화 검색 및 주변 디바이스 찾기
4F_Office
위치
무음
6
길게 누름
모바일 데이터
블루투스
모바일 핫스팟
기본 모드
손전등
절전 모드
성능 모드
비행기 탑승 모드
메시지 오전 11:59
1800-6610 [Web발신] 오경순고객님 납입일이 19일이며,...
방재혁 갈께!!!!
반디팜 사과밭 오노균 ...님이 링크를 공유했습니다. "WGT...
시니어브리지아... 14기 오...님이 사진을 올렸습니다. "<남...
알림 차단
모두 지우기

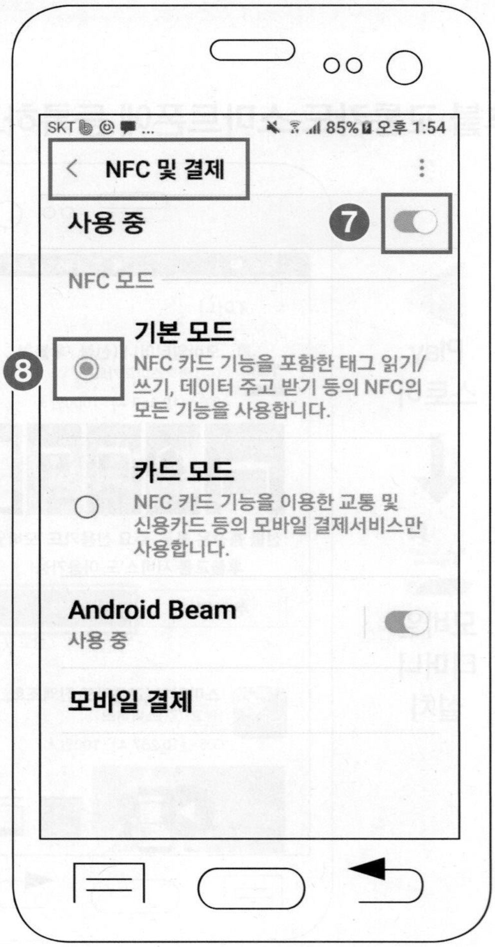
NFC 및 결제
사용 중
7
NFC 모드
8
기본 모드
NFC 카드 기능을 포함한 태그 읽기/쓰기, 데이터 주고 받기 등의 NFC의 모든 기능을 사용합니다.
카드 모드
NFC 카드 기능을 이용한 교통 및 신용카드 등의 모바일 결제서비스만 사용합니다.
Android Beam
사용 중
모바일 결제

# Step 06 승차권 예매하기

## ❶ 기차표 예매하기

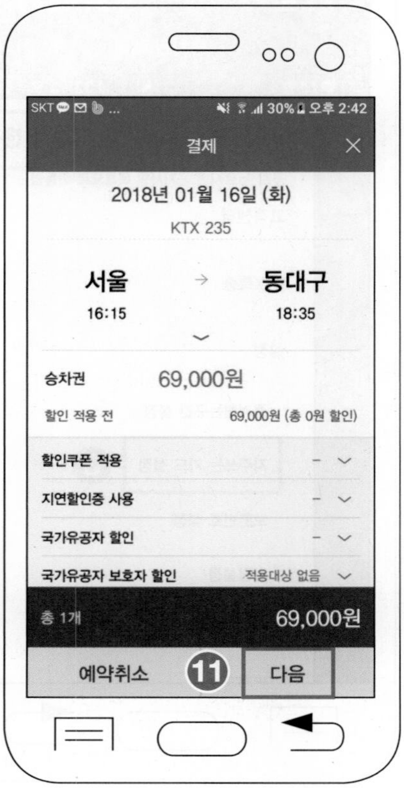

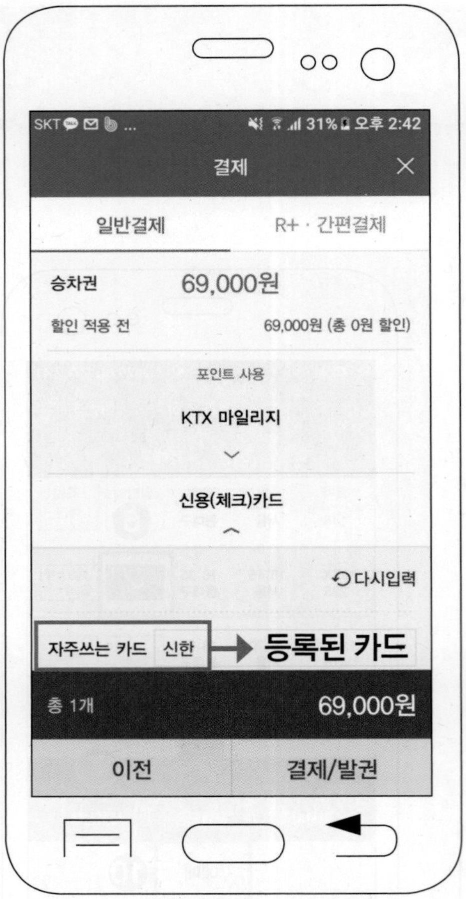


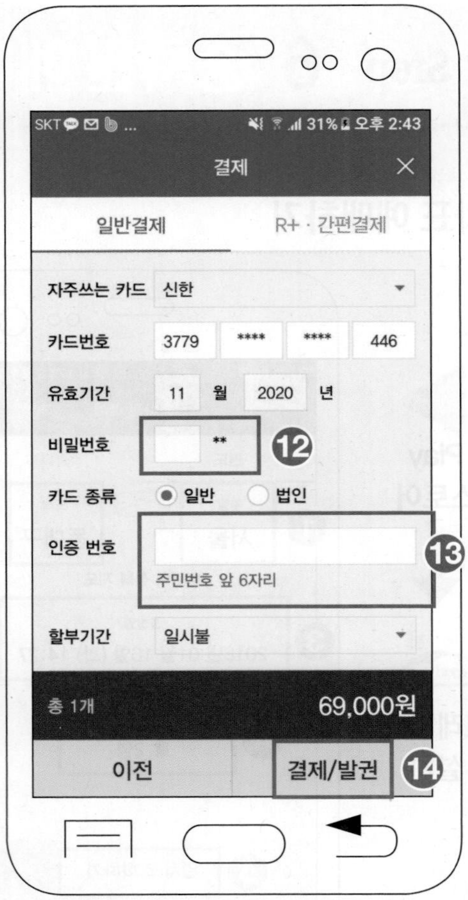


## ② 자주 쓰는 카드 등록하기

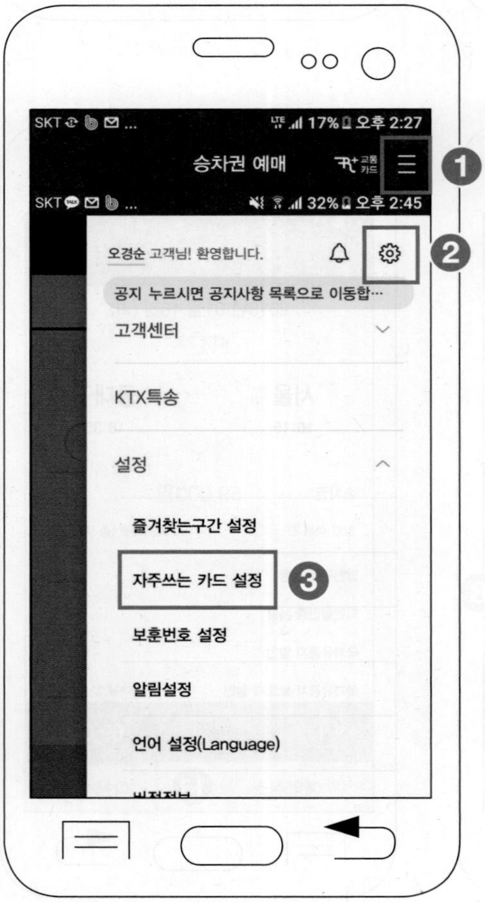


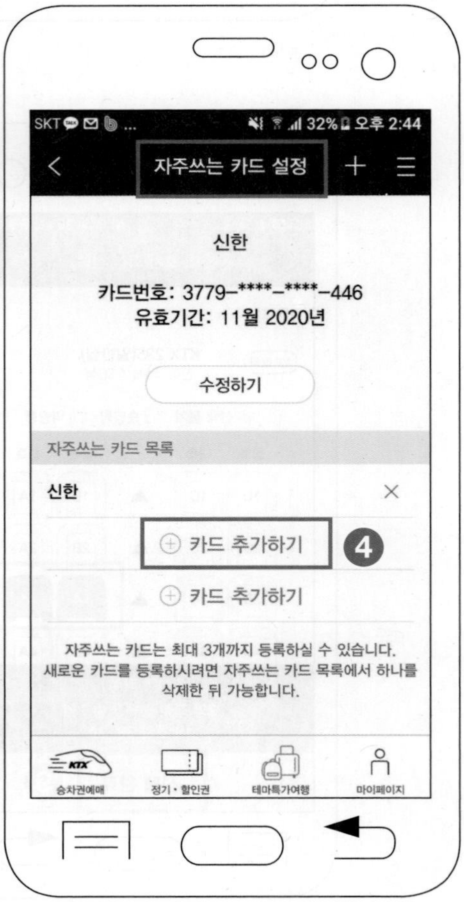

## ③ 고속버스 예매하기

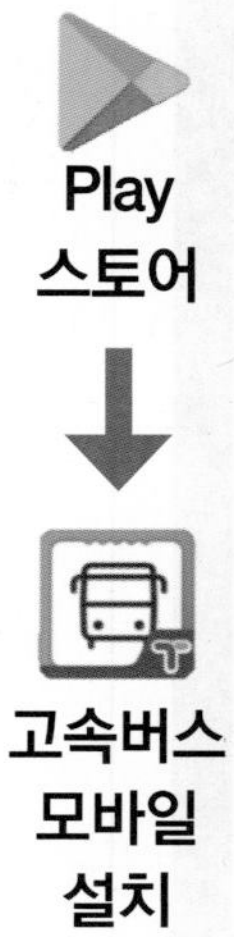
Play
스토어
고속버스
모바일
설치

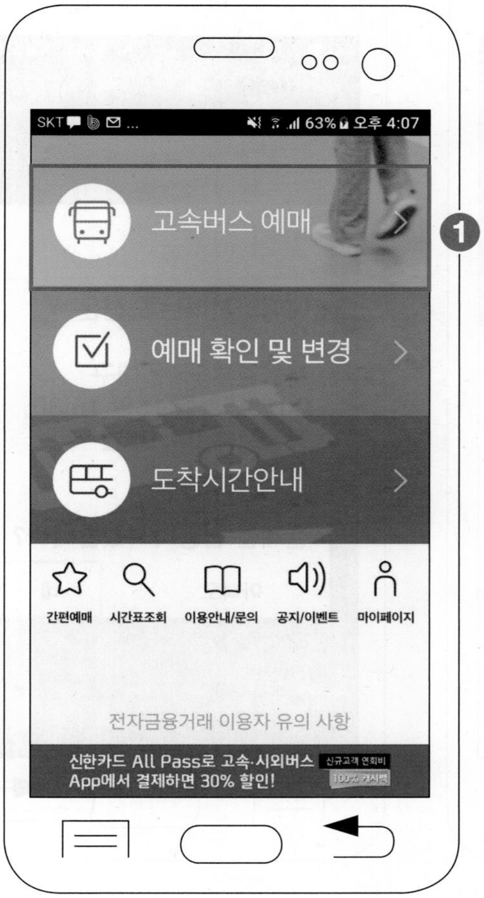
SKT 63% 오후 4:07
고속버스 예매
1
예매 확인 및 변경
도착시간안내
간편예매
시간표조회
이용안내/문의
공지/이벤트
마이페이지
전자금융거래 이용자 유의 사항
신한카드 All Pass로 고속·시외버스 App에서 결제하면 30% 할인!

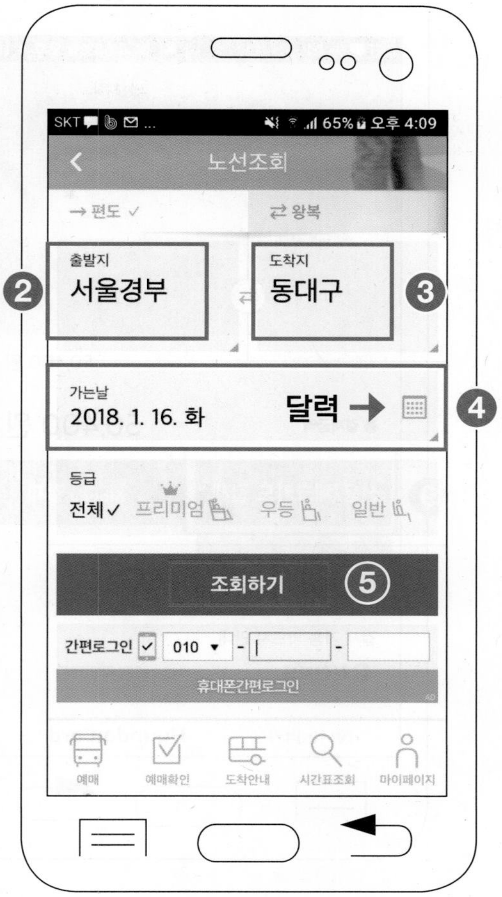
SKT 65% 오후 4:09
노선조회
→ 편도 ✓
⇄ 왕복
출발지
서울경부
2
도착지
동대구
3
가는날
2018. 1. 16. 화
달력 →
4
등급
전체 ✓ 프리미엄 우등 일반
조회하기
5
간편로그인 010
휴대폰간편로그인
예매
예매확인
도착안내
시간표조회
마이페이지

SKT 65% 오후 4:10
배차조회
출발 서울경부
도착 동대구
3시간 30분 소요
프리미엄 27,800원
우등고속 25,200원
일반고속 17,000원
심야프리미엄 30,500원
요금 정보 더보기
2018. 1. 16
화요일
출발
회사/등급
잔여석
16:15 금호고속 우등고속 7
16:30 동양고속 우등고속 25
6
16:45 HANIL EXPRESS 우등고속 28
17시
17:00 서대구 경유 중앙고속 프리미엄 11
17:20 동양고속 일반고속 36

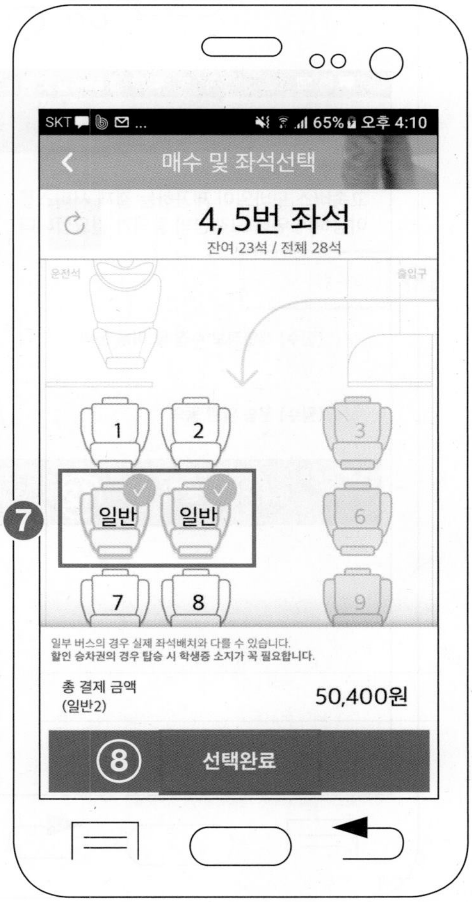
SKT 65% 오후 4:10
매수 및 좌석선택
4, 5번 좌석
잔여 23석 / 전체 28석
운전석
출입구
1
2
3
7
일반
일반
6
7
8
9
일부 버스의 경우 실제 좌석배치와 다를 수 있습니다.
할인 승차권의 경우 탑승 시 학생증 소지가 꼭 필요합니다.
총 결제 금액
(일반2)
50,400원
8
선택완료

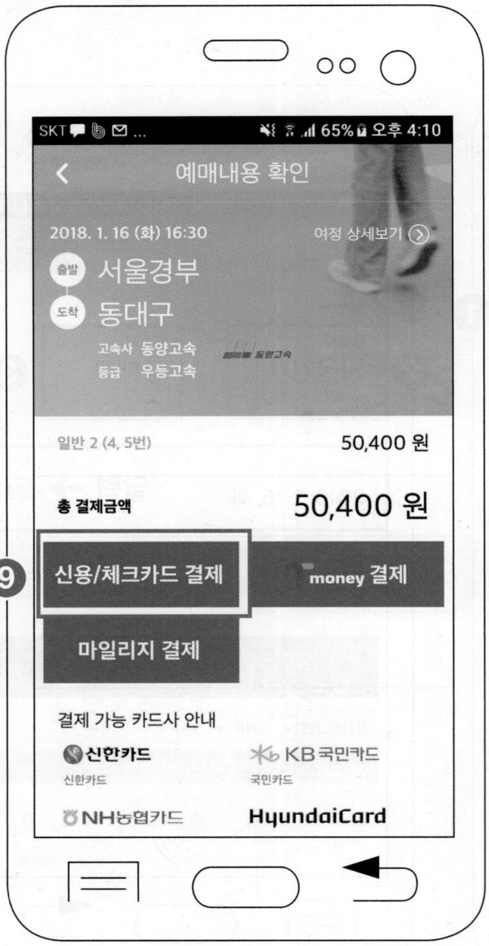
SKT
65% 오후 4:10
예매내용 확인
2018. 1. 16 (화) 16:30
여정 상세보기
출발 서울경부
도착 동대구
고속사 동양고속
등급 우등고속
일반 2 (4, 5번)
50,400 원
총 결제금액
50,400 원
9
신용/체크카드 결제
money 결제
마일리지 결제
결제 가능 카드사 안내
신한카드
KB국민카드
NH농협카드
HyundaiCard

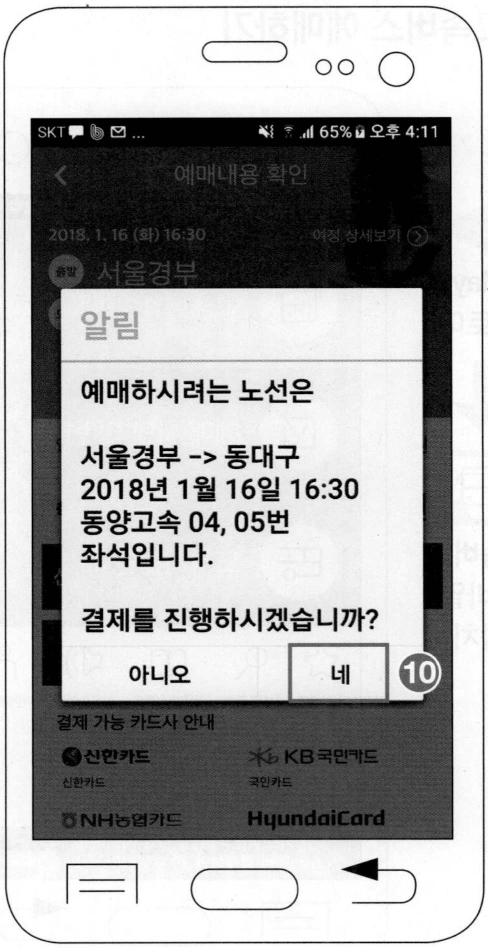
SKT
65% 오후 4:11
알림
예매하시려는 노선은
서울경부 -> 동대구
2018년 1월 16일 16:30
동양고속 04, 05번
좌석입니다.
결제를 진행하시겠습니까?
아니오
네
10

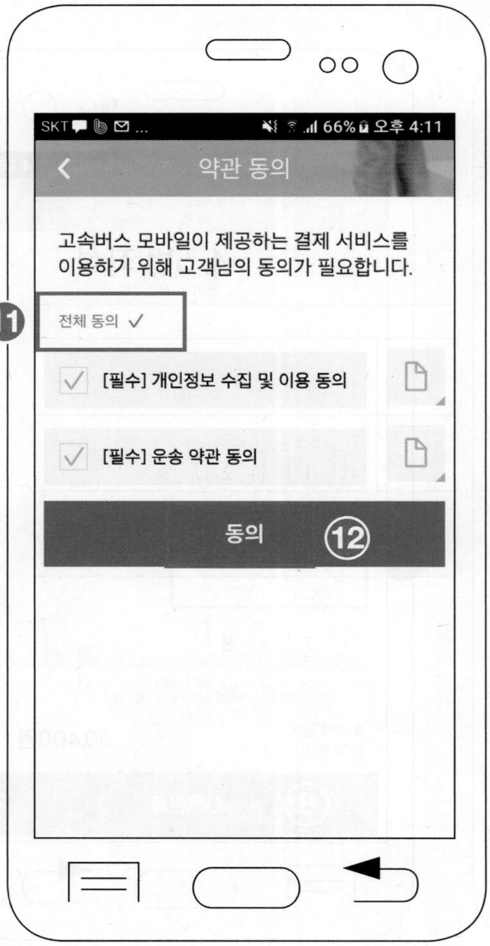
SKT
66% 오후 4:11
약관 동의
고속버스 모바일이 제공하는 결제 서비스를
이용하기 위해 고객님의 동의가 필요합니다.
11
전체 동의 ✓
[필수] 개인정보 수집 및 이용 동의
[필수] 운송 약관 동의
동의
12

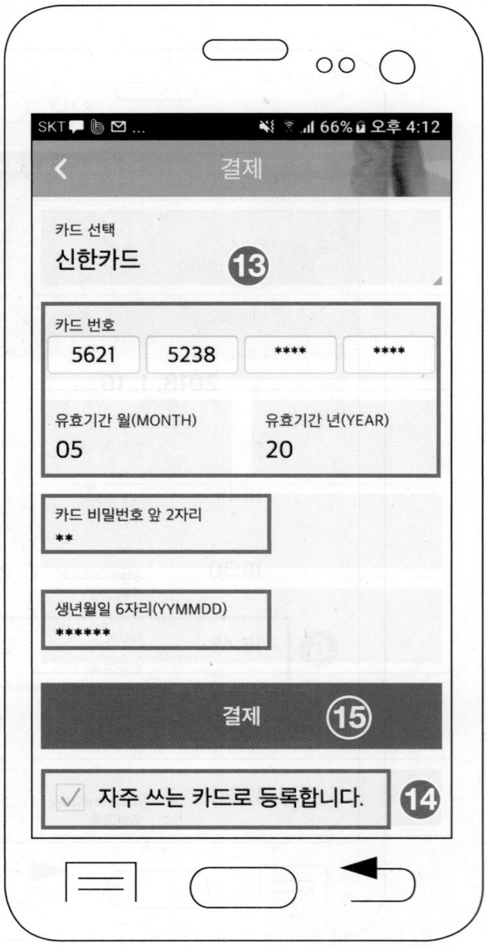
SKT
66% 오후 4:12
결제
카드 선택
신한카드
13
카드 번호
5621 5238 **** ****
유효기간 월(MONTH)
05
유효기간 년(YEAR)
20
카드 비밀번호 앞 2자리
**
생년월일 6자리(YYMMDD)
******
결제
15
자주 쓰는 카드로 등록합니다.
14

MEMO

제 8 장

# 생활이 편리한 스마트폰 앱 활용하기

Step 1 유튜브 음악 무료로 다운받기

Step 2 은행 뱅킹 거래하기

Step 3 무료로 팩스 보내기

Step 4 항공권, 패키지여행 땡처리 구매하기

Step 5 노래방 기기 이용하기

Step 6 문서 도구 활용하기

Step 7 일정 관리하기

## Step 8 번역기 활용하기

## Step 9 동영상 용량 줄여서 카카오톡 전송하기

# Step 01 유튜브 음악 무료로 다운받기

Play
스토어

원스토어
설치

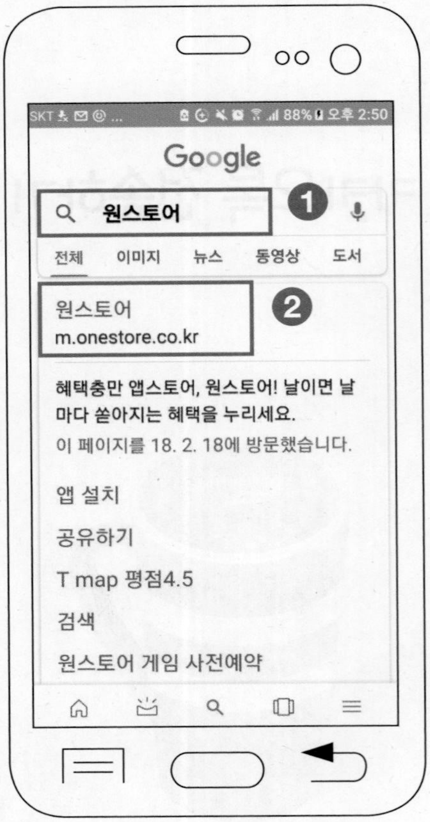

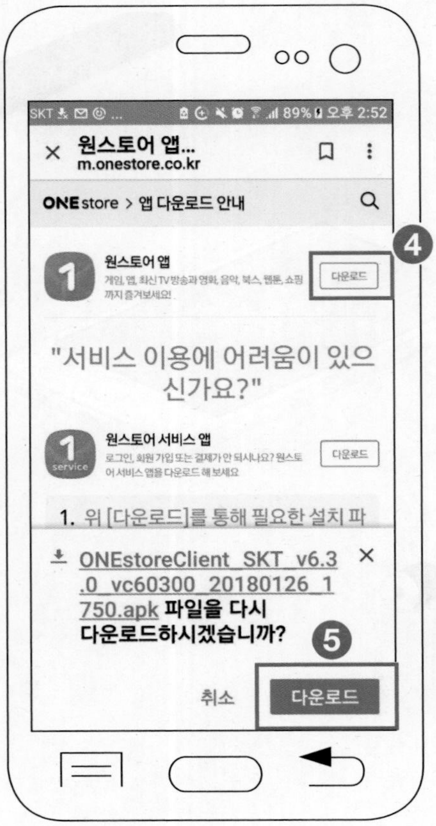


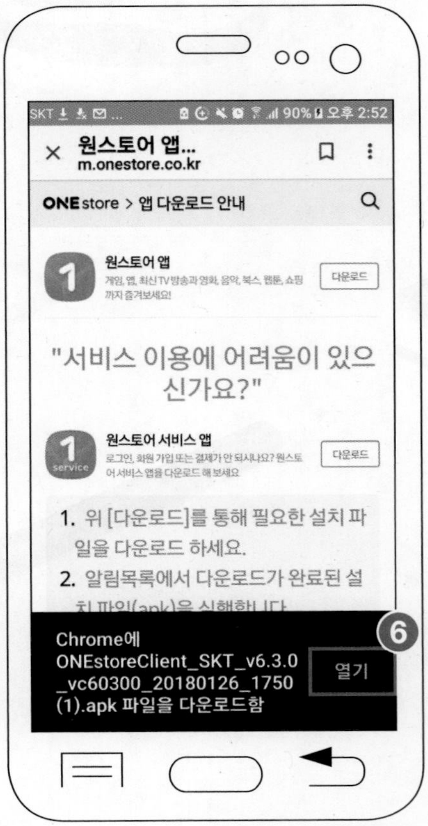

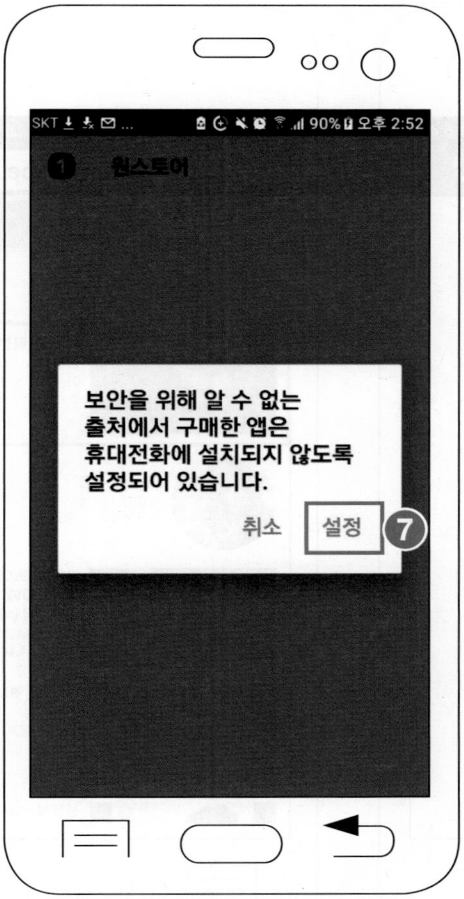


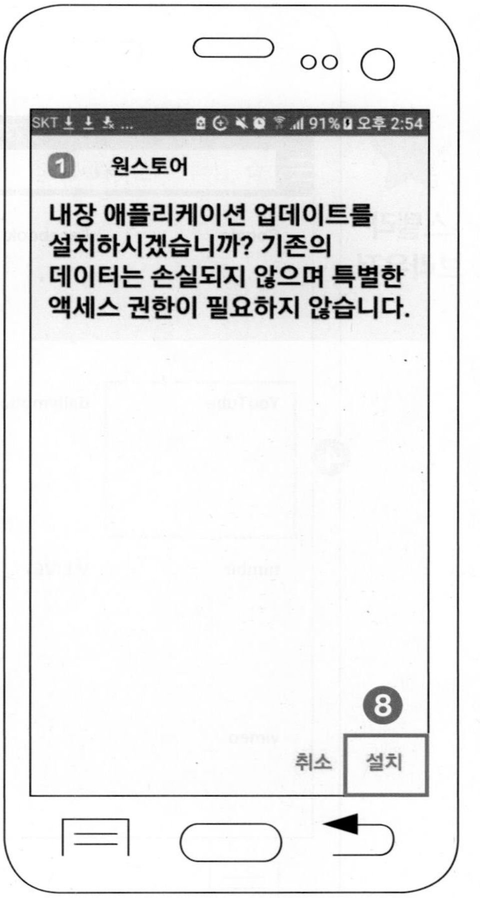


원스토어

스텔라 브라우저 설치

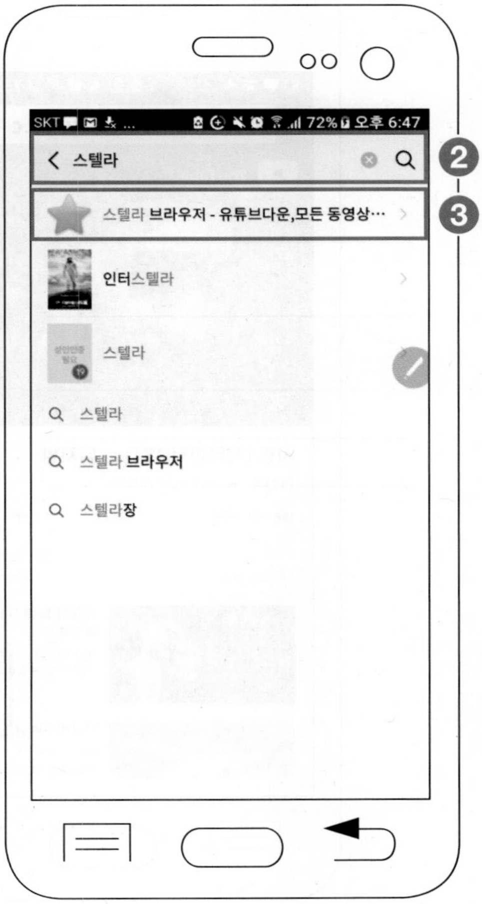

**스텔라 브라우저**

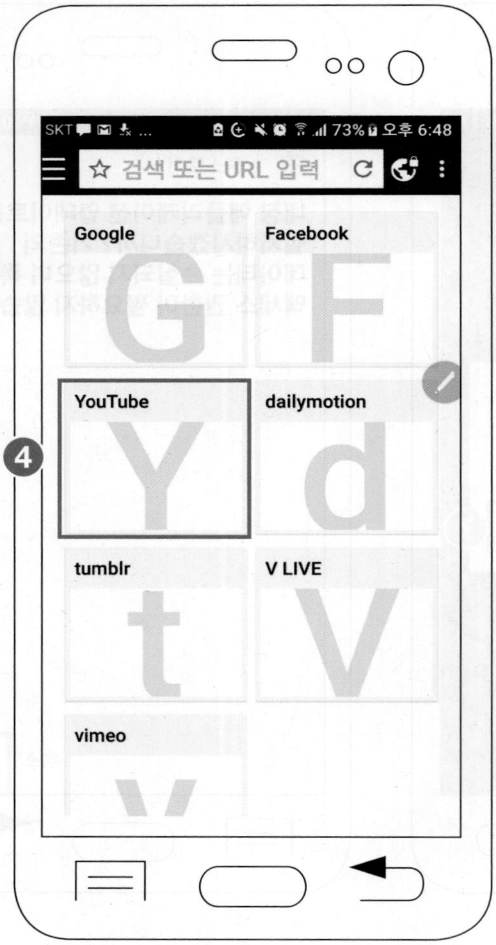
검색 또는 URL 입력
Google
Facebook
YouTube
dailymotion
tumblr
V LIVE
vimeo
4

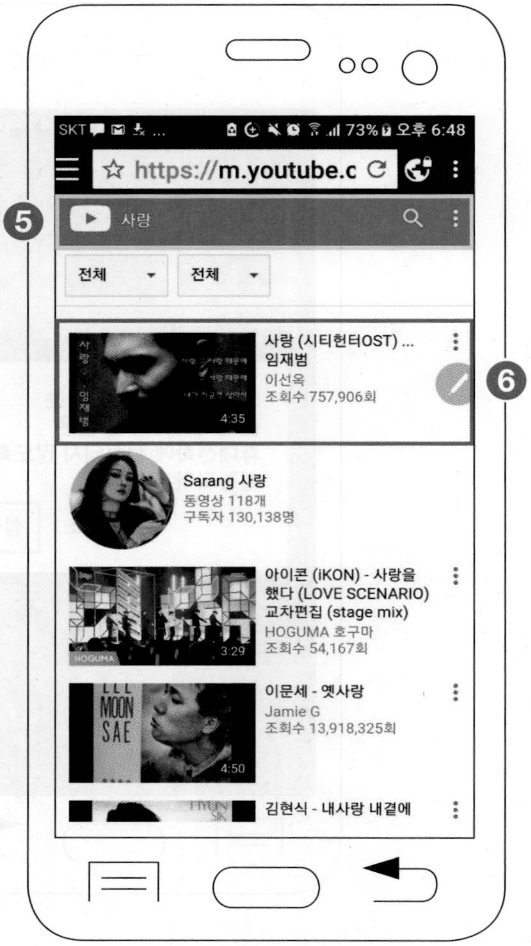
https://m.youtube.c
5
사랑
전체
전체
사랑 (시티헌터OST) ... 임재범
이선옥
조회수 757,906회
6
Sarang 사랑
동영상 118개
구독자 130,138명
아이콘 (iKON) - 사랑을 했다 (LOVE SCENARIO) 교차편집 (stage mix)
HOGUMA 호구마
조회수 54,167회
이문세 - 옛사랑
Jamie G
조회수 13,918,325회
김현식 - 내사랑 내곁에

https://m.youtube.c
YouTube
사랑 (시티헌터OST) ... 임재범
이선옥 · 조회수 769,977회
1천
225
다음 동영상
자동재생
임재범 노래 "너를 외 9곡
sunog kim
조회수 6,900,669
7
임재범 " 비상 " [가사]
event cho
조회수 141,226회

https://m.youtube.c
YouTube
사랑 (시티헌터OST) ... 임재범
사랑 (시티헌터OST) ... 임재범
8
Music 128 kbit/s
음원 추출
360P
영상 다운
480P
6.00MB
720P HD
7.17MB

# Step 02 은행 뱅킹 거래하기

## ① 해당 거래 은행에서 보안카드를 발급받아 공인인증서 등록하기

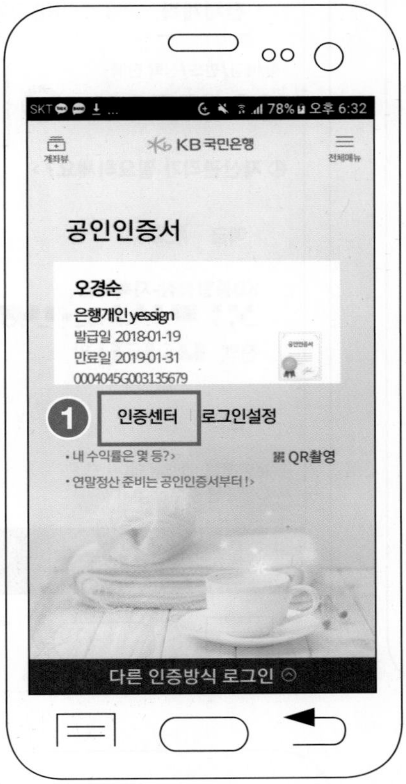


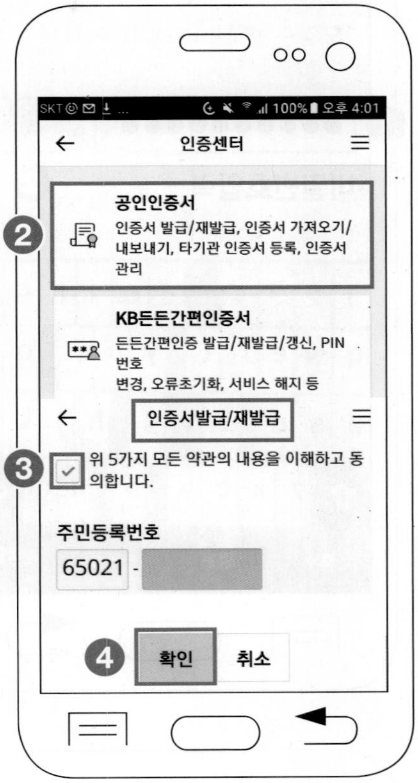

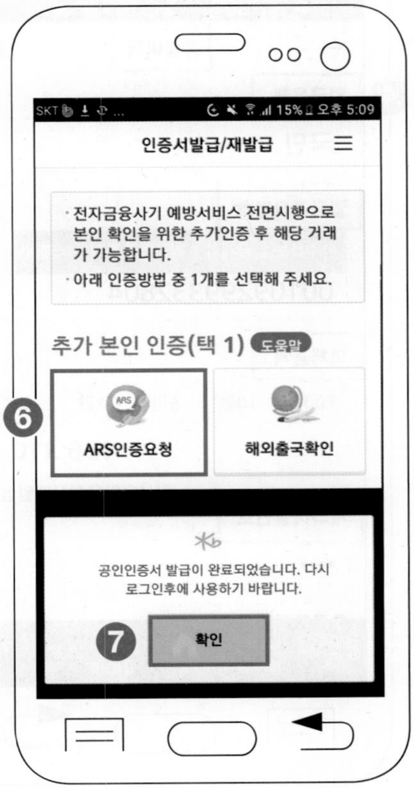

## ❷ 계좌이체 하기

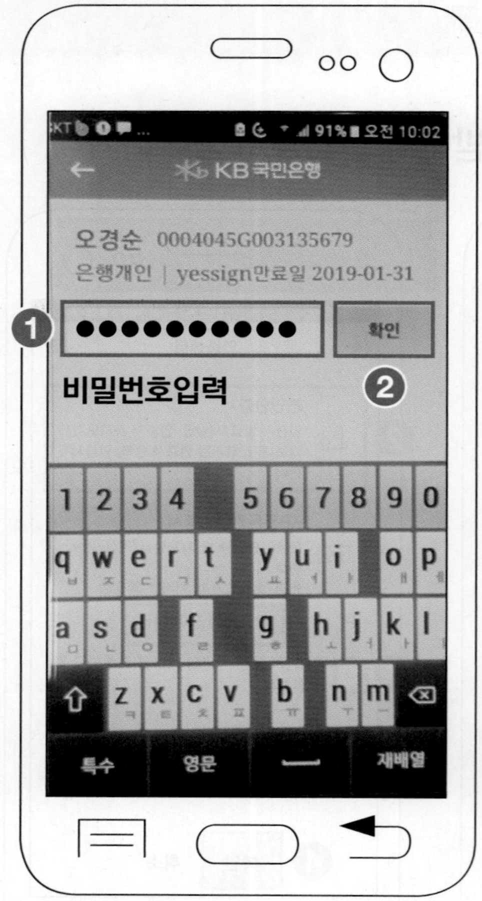
KB국민은행
오경순 0004045G003135679
은행개인 | yessign만료일 2019-01-31
❶
확인
비밀번호입력
❷
특수
영문
재배열

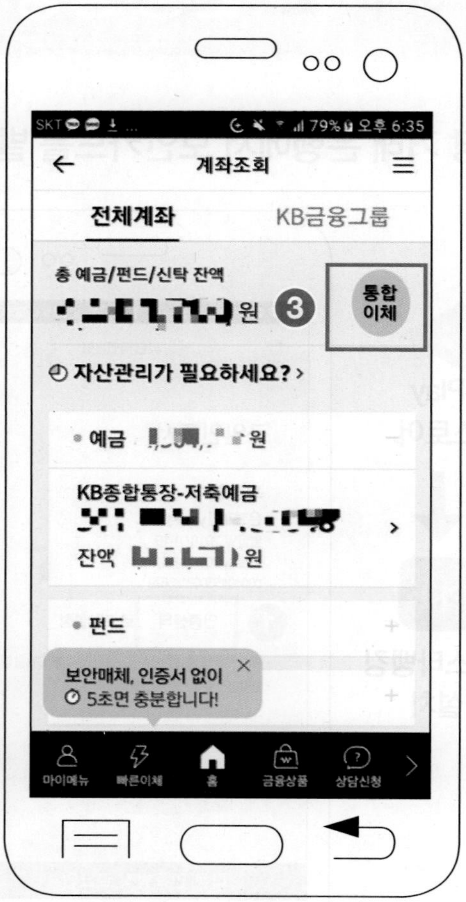
계좌조회
전체계좌
KB금융그룹
총 예금/펀드/신탁 잔액
[redacted] 원
❸
통합이체
자산관리가 필요하세요? >
• 예금 [redacted] 원
KB종합통장-저축예금
[redacted]
잔액 [redacted] 원
• 펀드
보안매체, 인증서 없이
5초면 충분합니다!
마이메뉴
빠른이체
홈
금융상품
상담신청

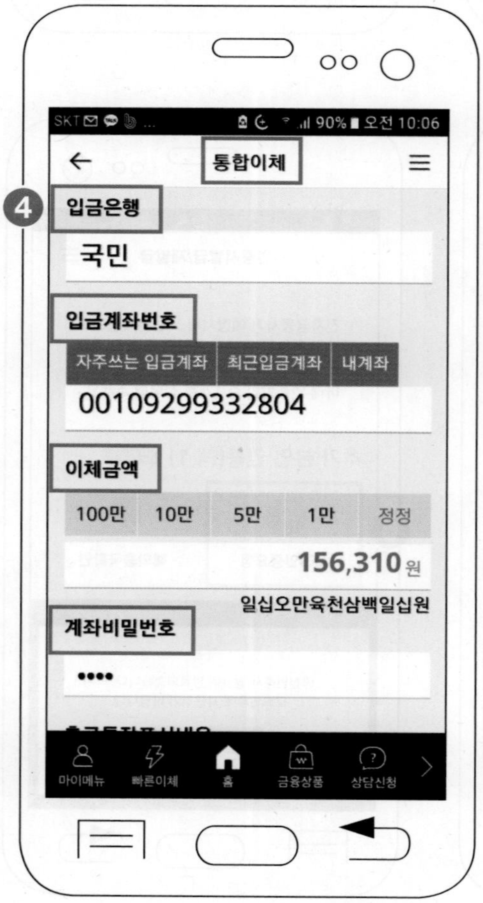
통합이체
❹
입금은행
국민
입금계좌번호
자주쓰는 입금계좌
최근입금계좌
내계좌
00109299332804
이체금액
100만
10만
5만
1만
정정
156,310 원
일십오만육천삼백일십원
계좌비밀번호
••••
마이메뉴
빠른이체
홈
금융상품
상담신청

입금통장표시내용
10자 이내
수수료 포인트리 납부, 예약/CMS/중도금/청약/적금 정보
선택정보입력
❺
확인
입금
국민
001092-99-332804
국세-오경순
오경순
수정
취소
이체계좌추가

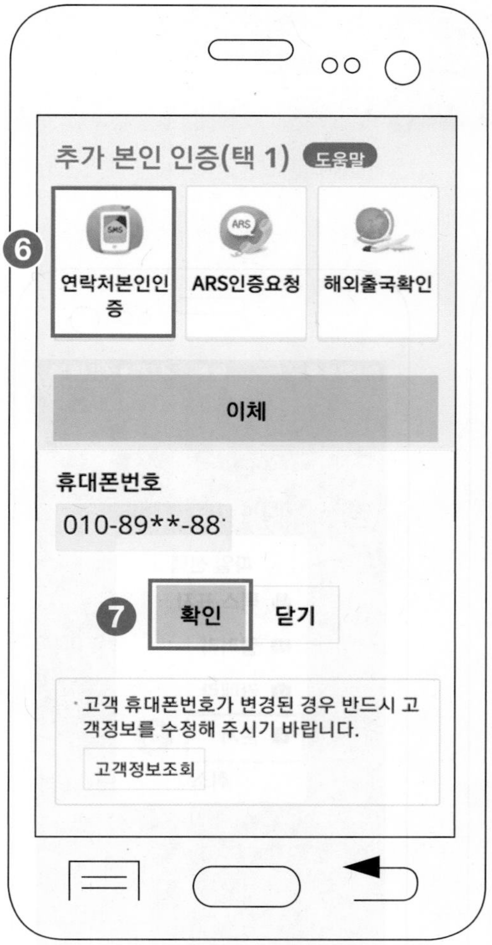

추가 본인 인증(택 1)
도움말
6
연락처본인인증
ARS인증요청
해외출국확인
이체
휴대폰번호
010-89**-88
7
확인
닫기
·고객 휴대폰번호가 변경된 경우 반드시 고객정보를 수정해 주시기 바랍니다.
고객정보조회

SKT
90% 오전 10:08
통합이체
이체계좌추가
·가상(연계)계좌는 제휴업체의 수납용 가상계좌로 고객님 명의의 실계좌가 아니오니 이체시 유의하시기 바랍니다.
연락처 본인 인증
연락처 본인 인증이 정상처리 되었습니다.
보안카드 번호 입력
[ 06 ] 앞2자리
[ 32 ] 뒤2자리
8
9
이체
마이메뉴
빠른이체
홈
금융상품
상담신청

# Step 03 무료로 팩스 보내기

## ❶ 팩스 보내기

Play 스토어

↓

모바일 팩스 설치

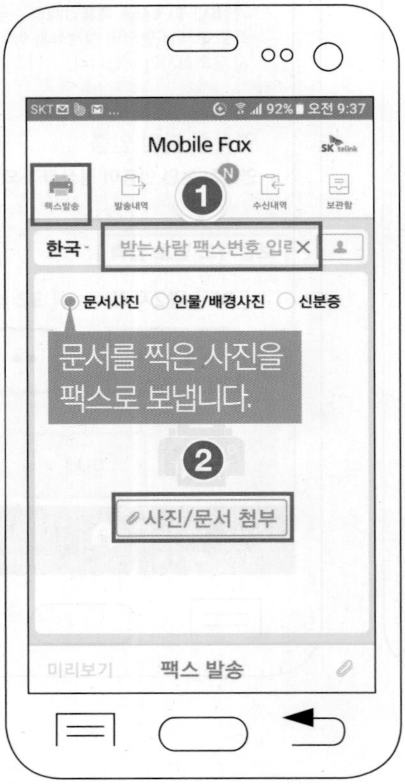


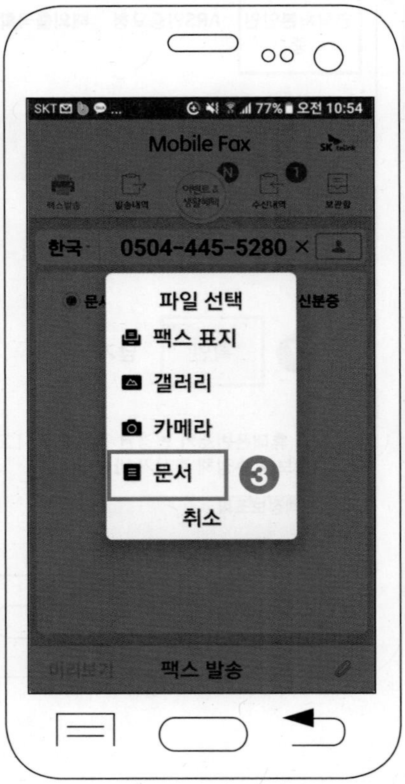


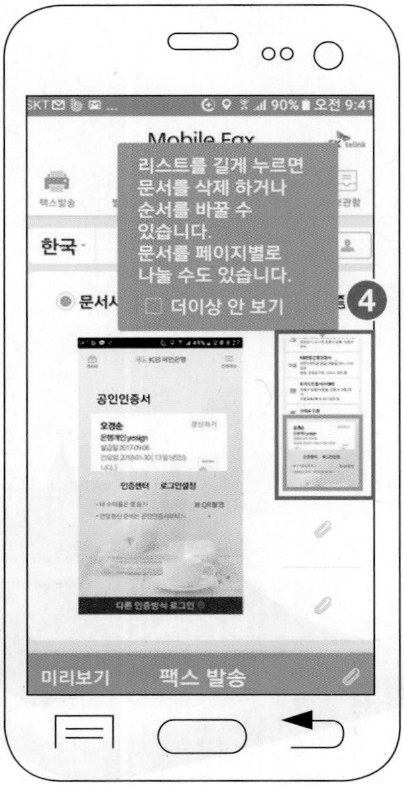

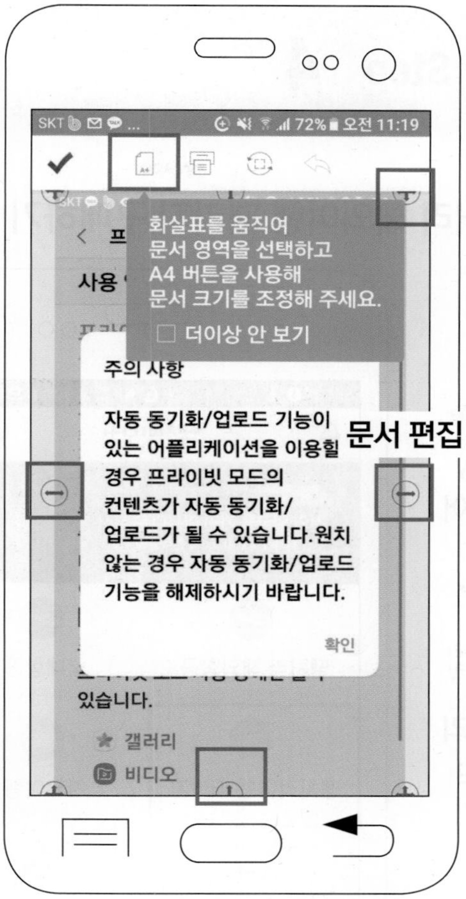


## ② 내 팩스 번호와 국가 선택하기

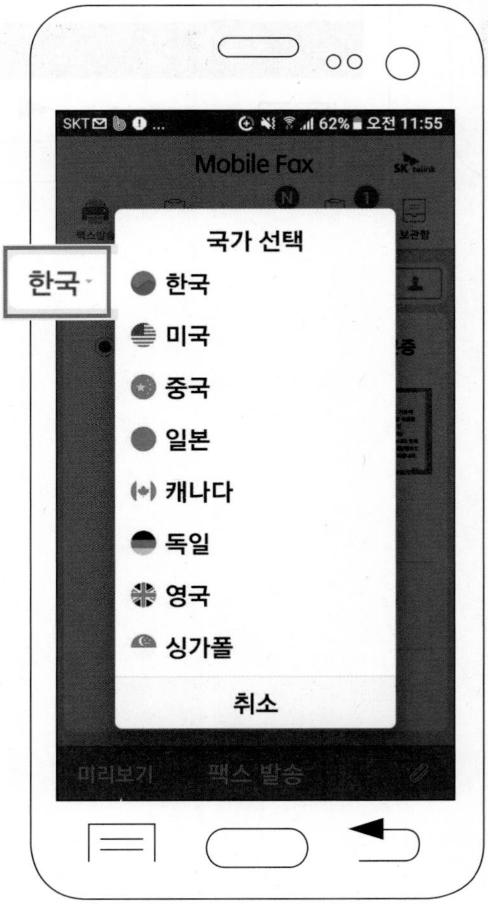

# Step 04 항공권, 패키지여행 땡처리 구매하기

## ❶ 땡처리 해외여행 패키지 구매하기

Play 스토어

↓

땡처리 닷컴 설치

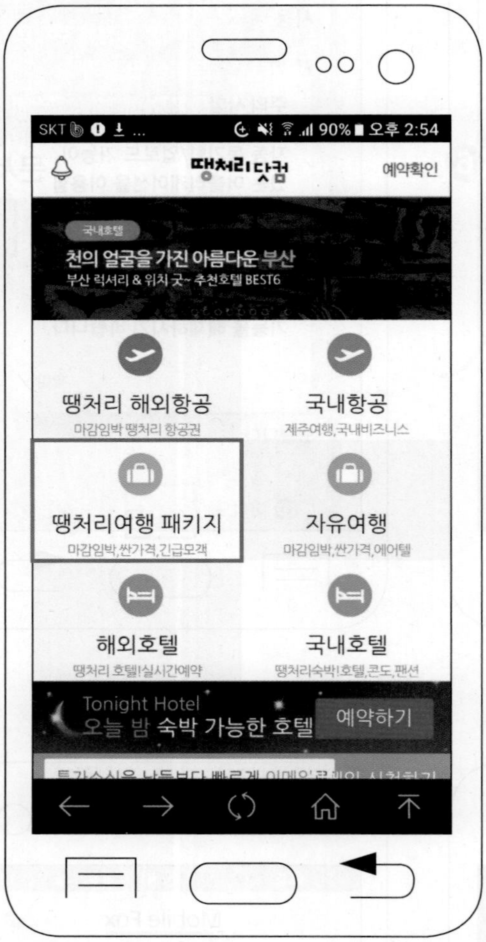

짧은 두레박으로 깊은 물을 푸지 못하고,

작은 그릇으로 많이 담지 못함은 제 힘에 겹기 때문이다.

회남자(淮南子)

## ❷ 땡처리 호텔 펜션 예약하기

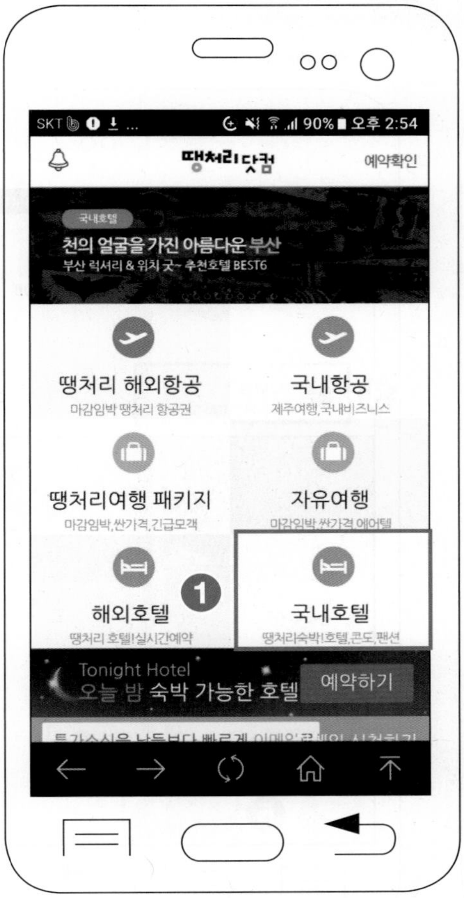

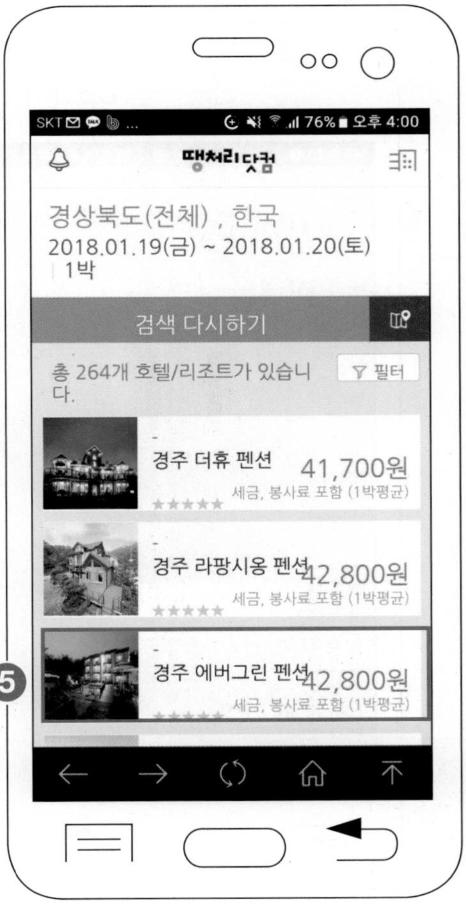


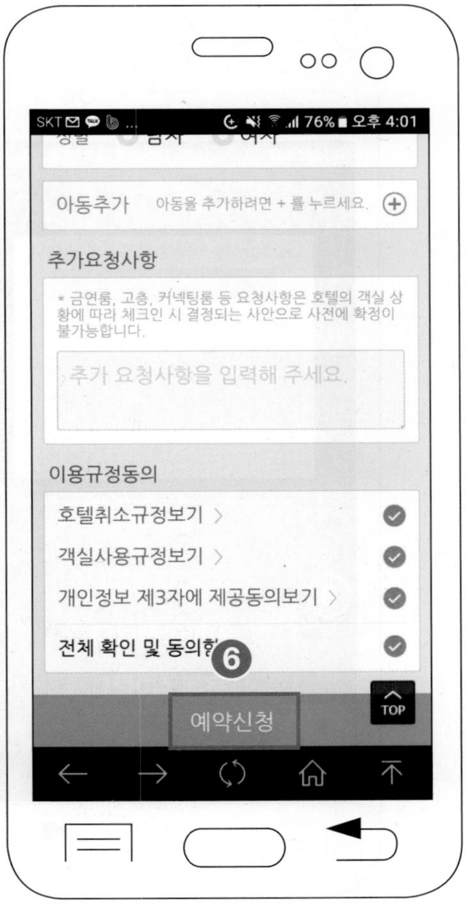

# Step 05 노래방 기기 이용하기

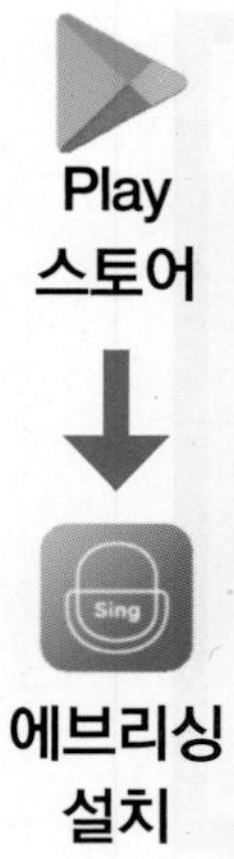

# Step 06 문서 도구 활용하기

## ❶ 명함 관리하기

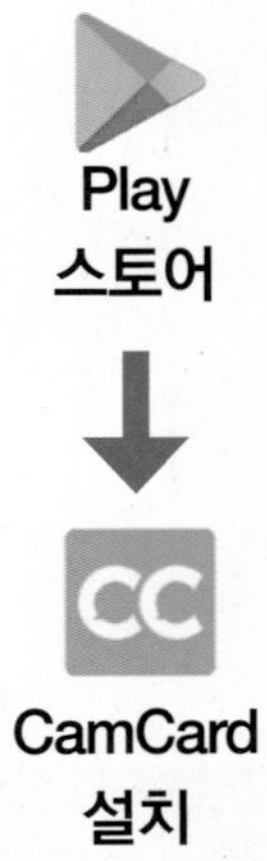


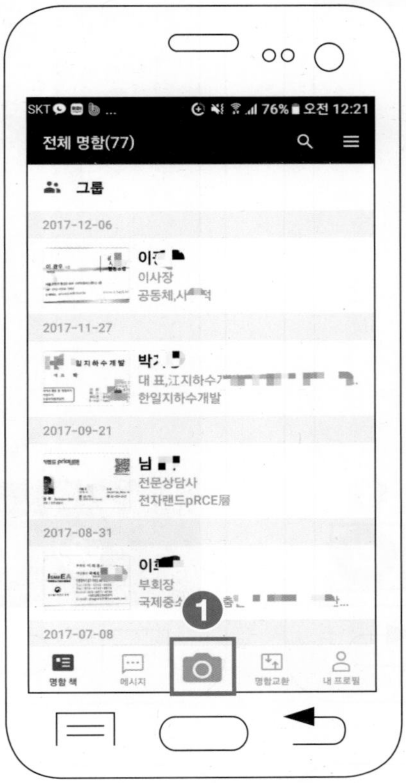


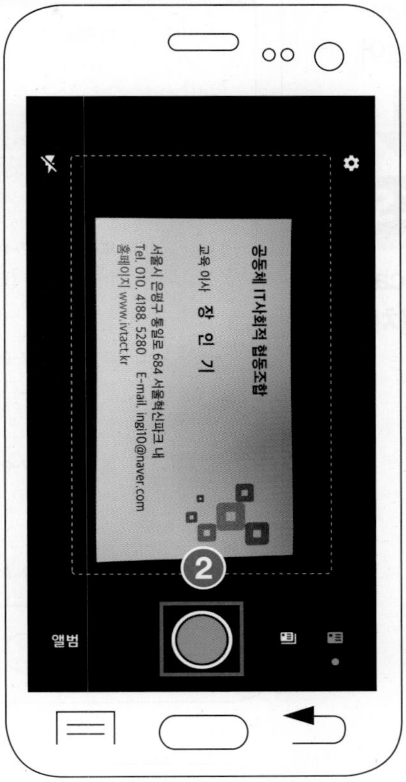


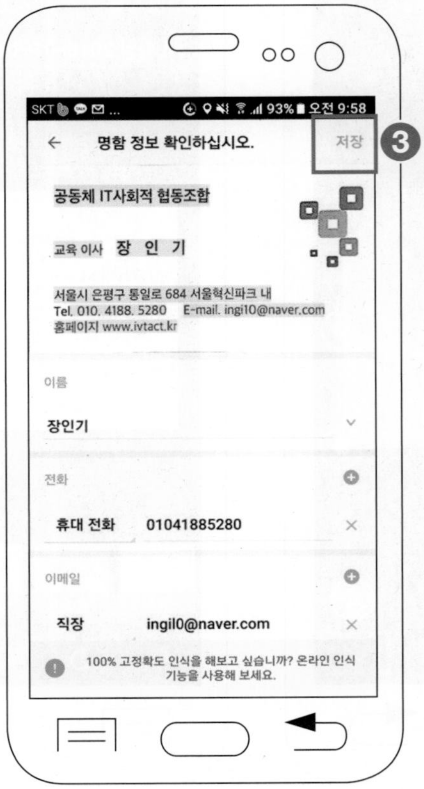

## ❷ 문서 스캐너 사용하기

Play
스토어

CamScanner
설치

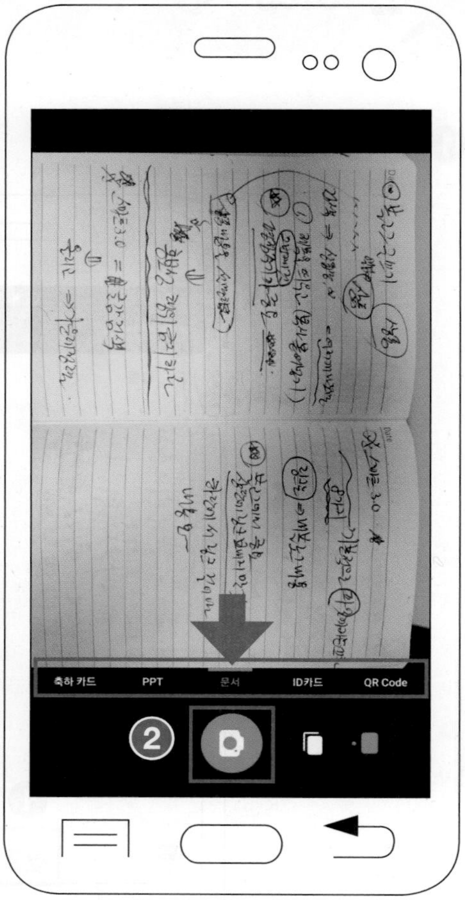


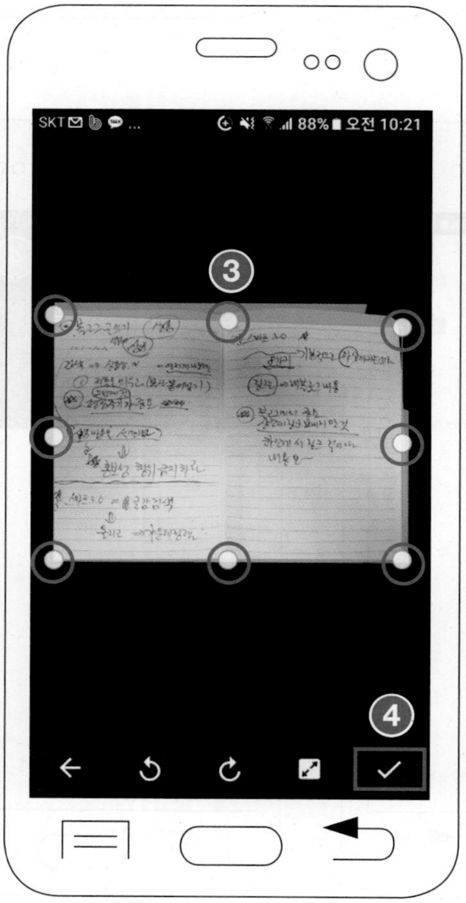


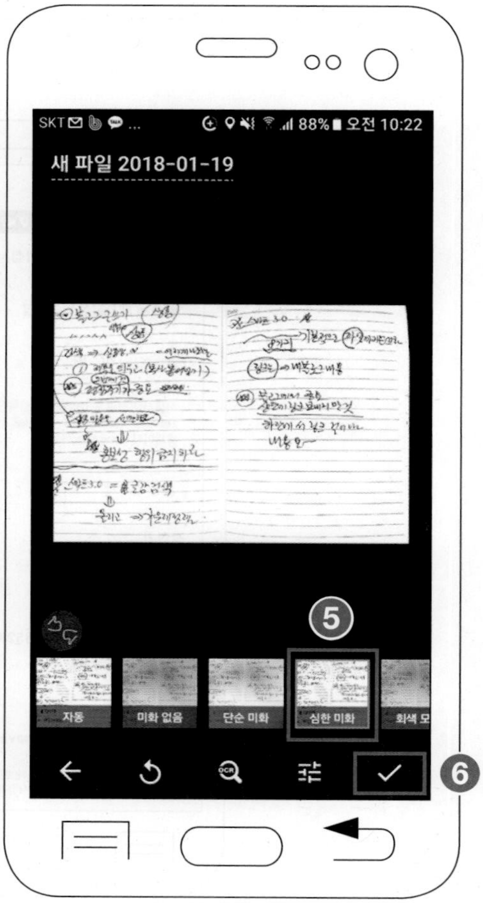

## ❸ 문서 정리하기

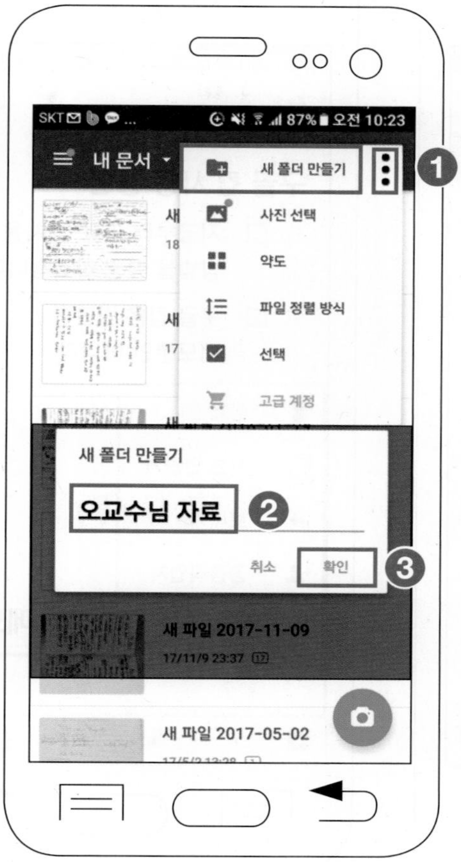

## ❹ 구글 킵 메모 활용법

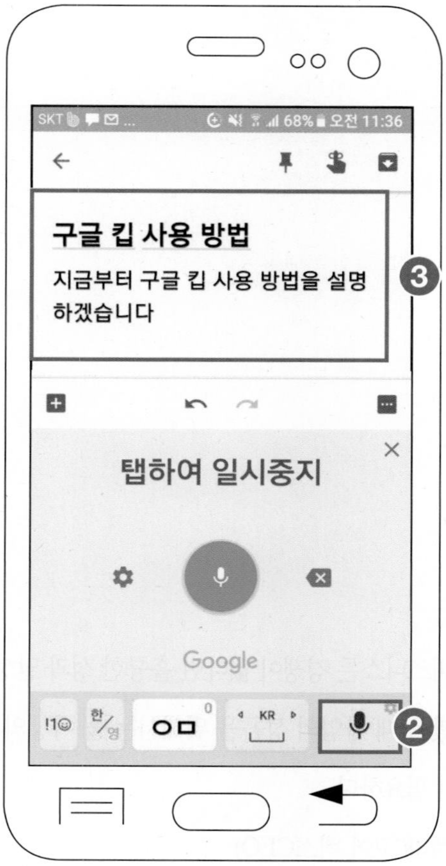

어떤 비즈니스든 경쟁이 없다면 훌륭한 성과 달성은 꿈꾸기가 어렵다.

길게 봤을 때 사업의 성공을 위해서는 둘 이상의 동종 업계 경쟁자가

반드시 필요하다.

테리 켈리('고어 텍스'CEO)

# Step 07 일정 관리하기

## ❶ 일정 만들기

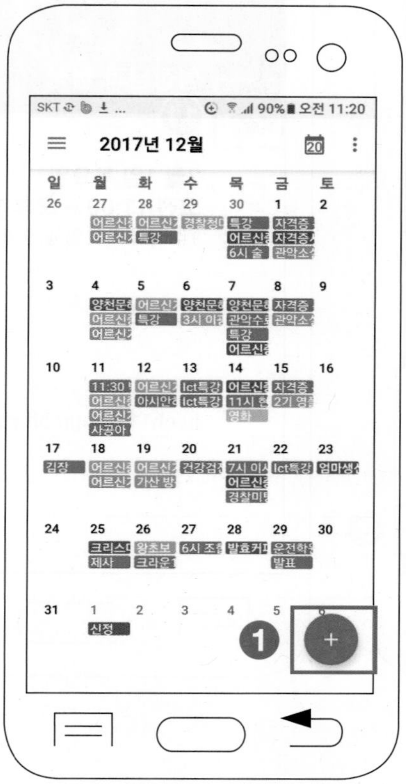


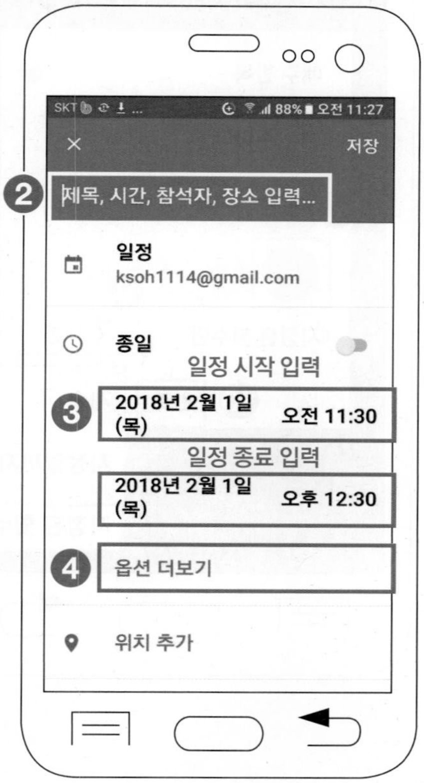

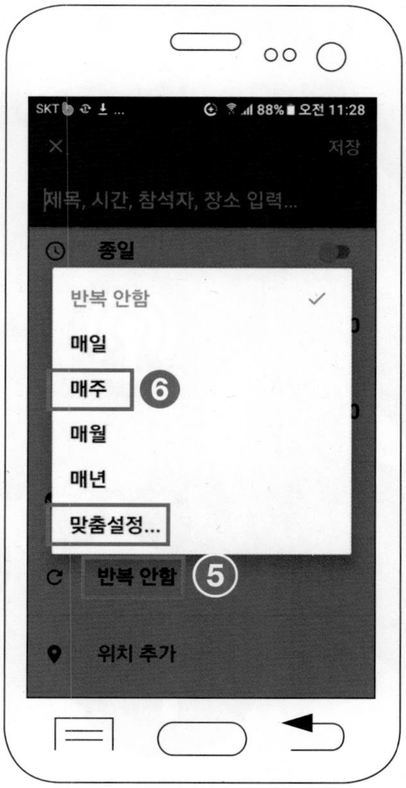

SKT 오전 11:32
저장
팀장님과 점심
매주 반복
1 주마다
7
일 월 화 수
목 금 토
8
지정된 횟수만 2
10 완료
계속
지정일까지
지정된 횟수만
9
한국 표준시
1주마다 화, 목에;

SKT 오전 11:33
삭제
팀장님과 점심
11
2월 1일 목요일
오전 11:00 ~ 오후 12:00
1주마다 목요일에; 2회 반복
30분 전
일정
ksoh1114@gmail.com

# Step 08 번역기 활용하기

## ❶ 번역하기

Play
스토어

Papago
설치

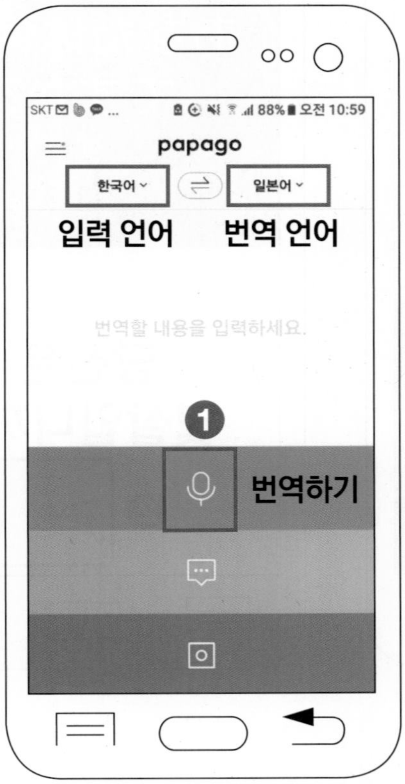

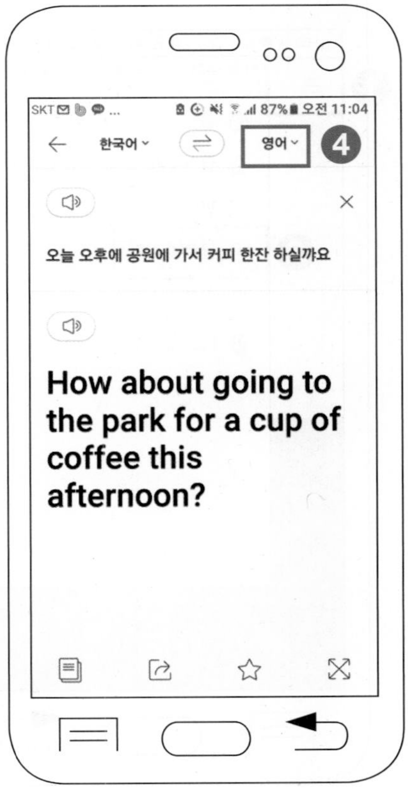

## ❷ 대화하기

## ❸ 외국어 공부하기

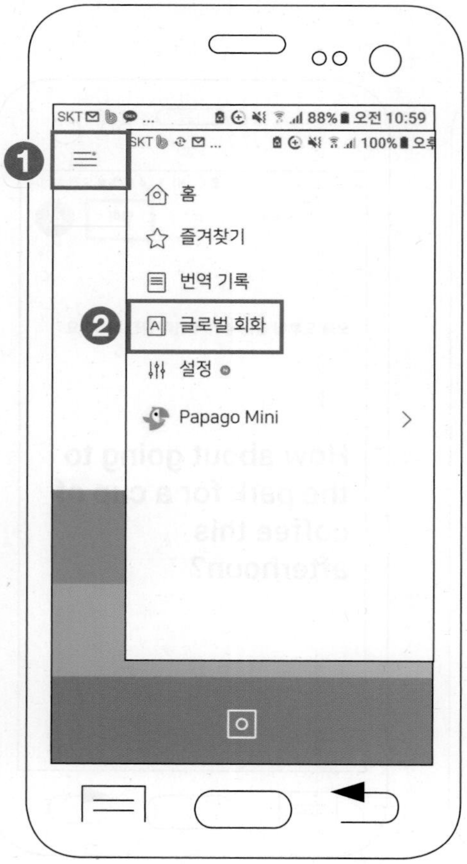


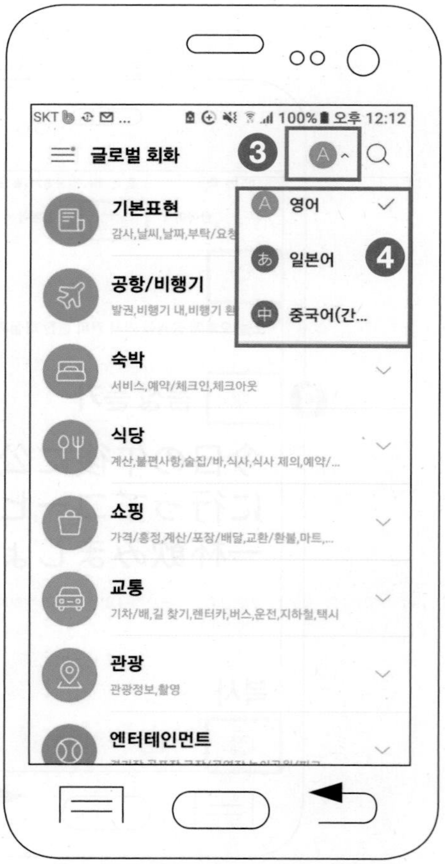

## ❹ 즉석 번역 파파고 미니

사람이 착한 줄 알면서도 이를 승진시켜 중용하지 않고,

사람이 악한 줄 알면서도 이를 물리치고 멀리하지 않으면,

어진 이는 숨어 가려져서 쓰이지 못한다.

반면, 못난 사람들이 높은 관직에 중용되면 국가는 반드시 그 해를 입는다.

<삼략(三略)>

## Step 09 동영상 용량 줄여서 카카오톡 전송하기

Play 스토어

비디오 다이어트2 설치

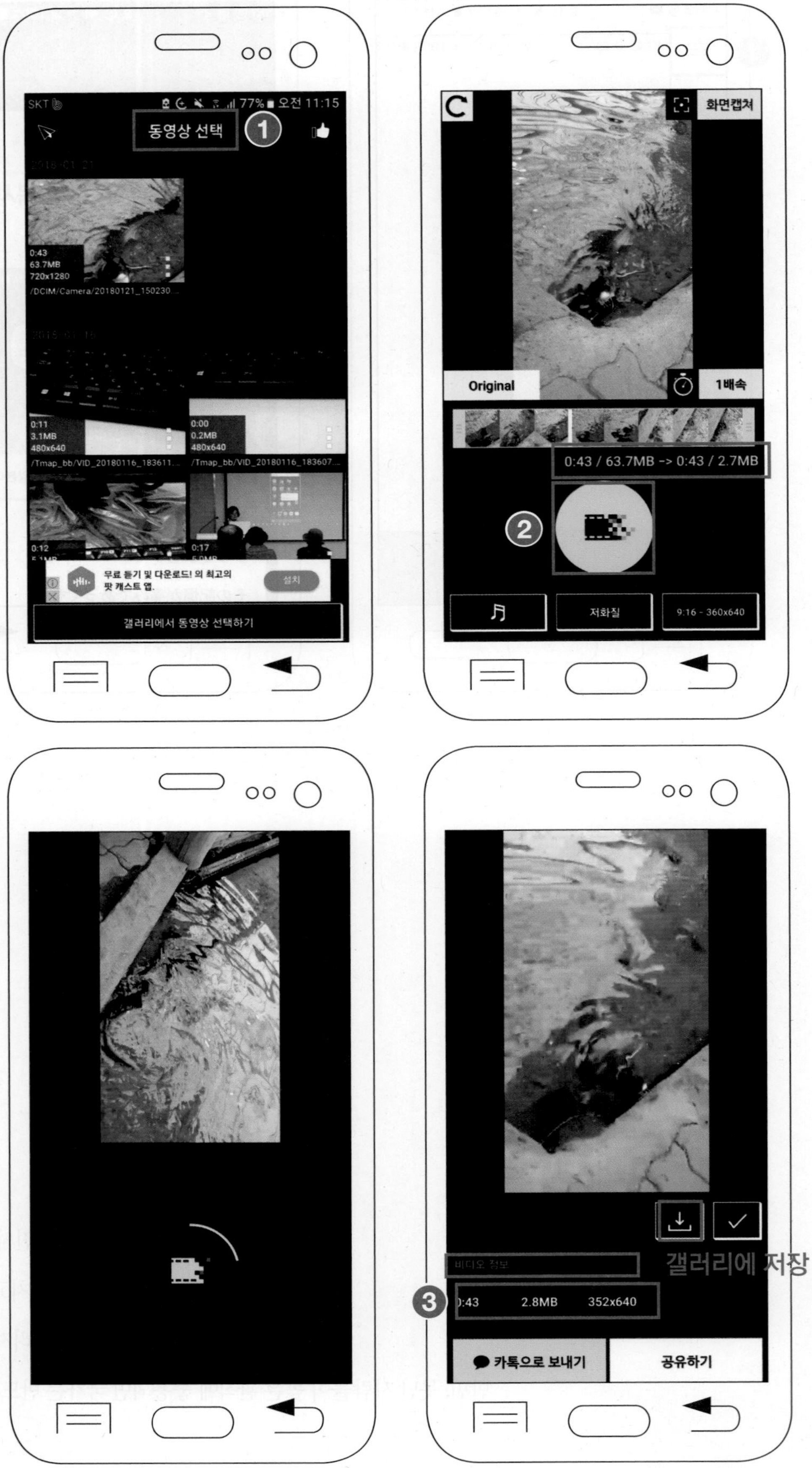

# MEMO

제 9 장

# 카메라로 사진 찍고 편집하기

Step 1 스마트폰 카메라의 기능 알기

Step 2 사진 편집의 기초 알기

Step 3 스마트폰 동영상 촬영하기

## ❶ 셀카 예쁘게 찍기

## ❷ 사진 해상도 조절하기

## ❸ 동영상 해상도 조절하기

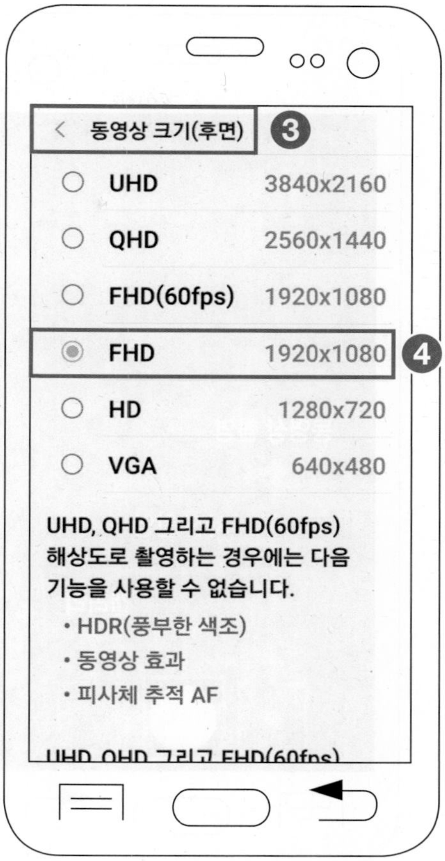


## ❹ 안내선과 음성 촬영 설정하기

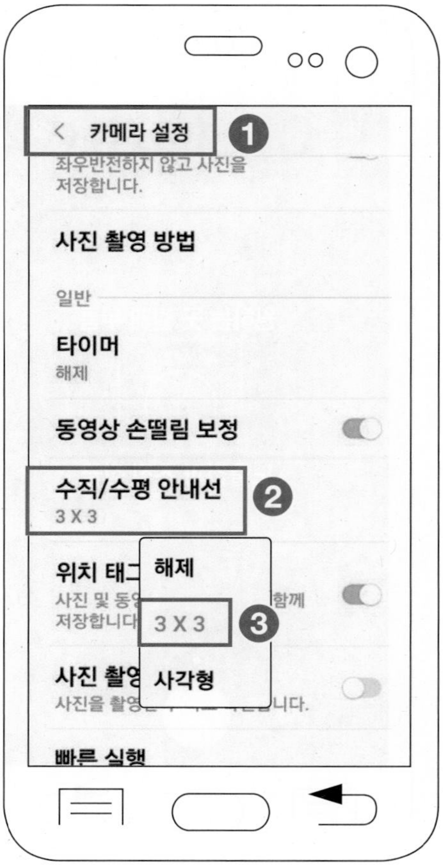

## ❺ 동영상 촬영하기

## ❻ 초점 맞추고 노출값 조절하기

## ❼ 황금분할 구도 잡기

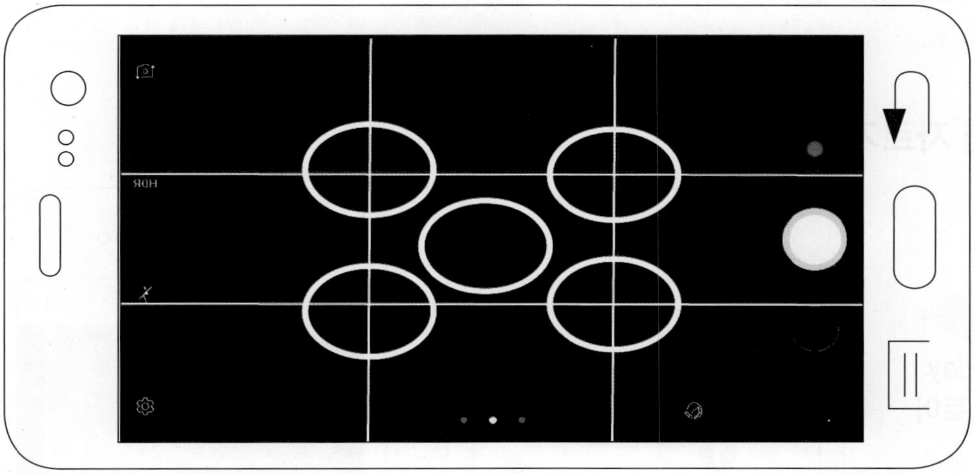

사업의 비결은 다른 사람들이 아무도 모르고 있는
무엇인가를 아는 것에 있다.
아리스토틀 오나시스(그리스 선박왕)

# Step 02 사진 편집의 기초 알기

## ❶ 사진 자르기

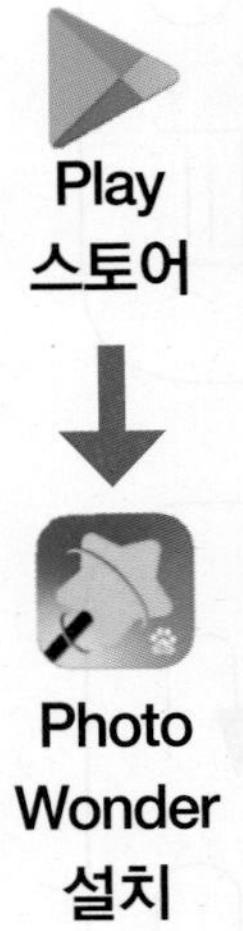

## ❷ 예쁘게 성형하기

## ❸ 사진 위에 자막 넣기

Play
스토어

Picsay
설치

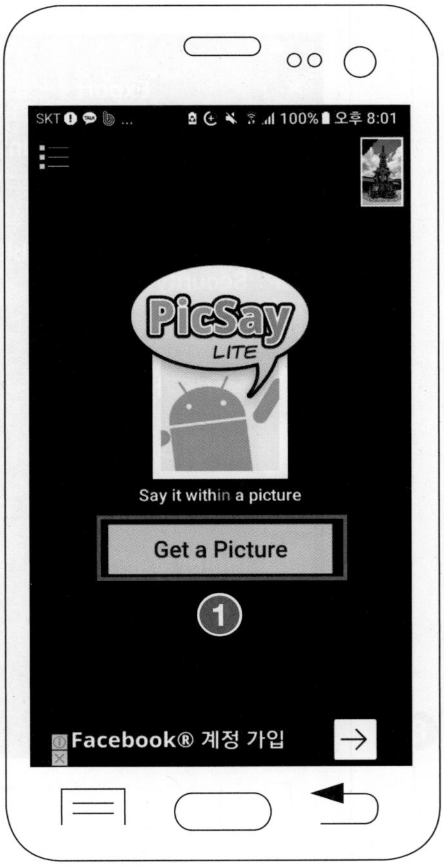

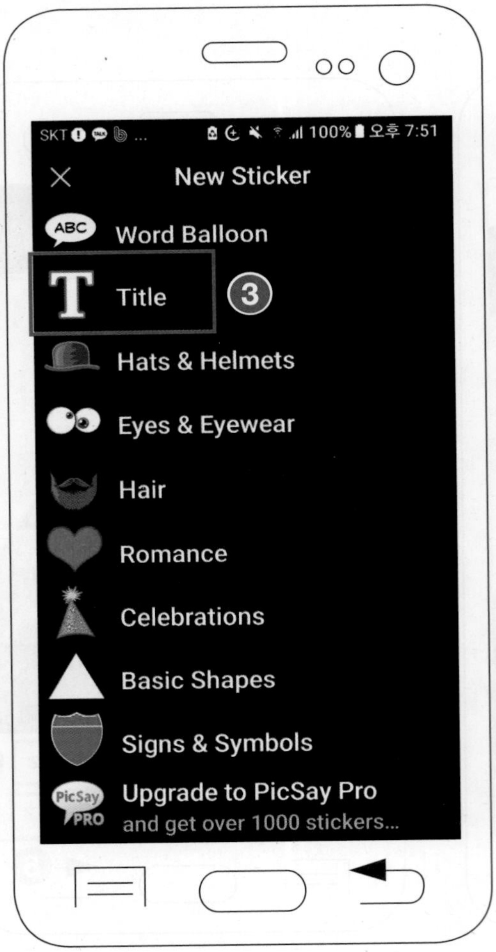

New Sticker
Word Balloon
Title
3
Hats & Helmets
Eyes & Eyewear
Hair
Romance
Celebrations
Basic Shapes
Signs & Symbols
Upgrade to PicSay Pro
and get over 1000 stickers...


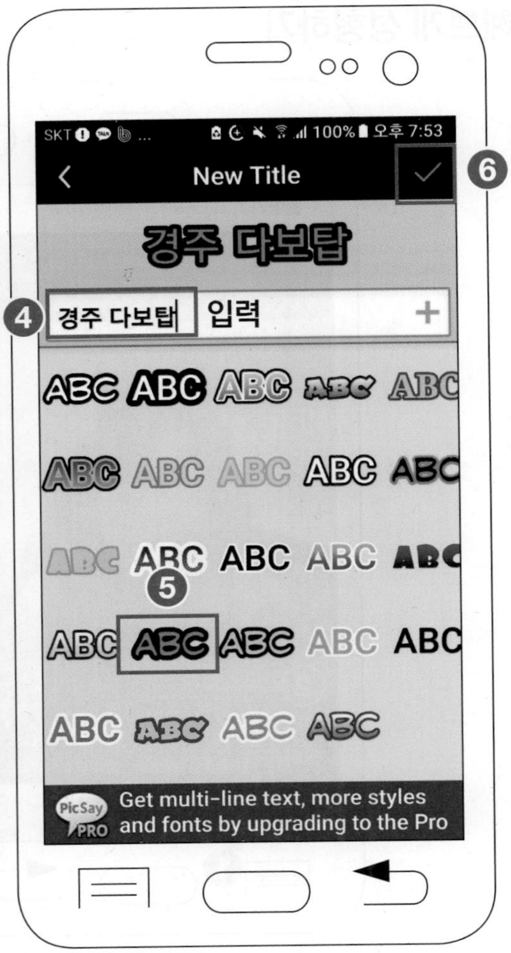

New Title
6
경주 다보탑
4
경주 다보탑
입력
5
Get multi-line text, more styles
and fonts by upgrading to the Pro

7
경주 다보탑
Effect
Sticker
Export
8

Export
Save picture to album
9
갤러리에 저장
@FotoRus-ProEdit
갤러리 숨김 - V3 Mobile Security
공유 - 밴드
공유 - 카카오스토리
글씨팡팡
네이버 메일
네이버 블로그
네이버 지식iN
네이버 카페
네이버 클라우드

## Step 03 스마트폰 동영상 촬영하기

### ❶ 촬영 자세가 중요

두 팔을 몸에 붙인 후 양손으로 스마트폰을 가로로 잡는다. 이는 흔들림을 방지하고 초점을 맞추어 선명한 사진을 찍기 위함이다.

### ❷ 줌은 사용 자제

스마트폰 카메라는 화면을 확대하면 멀리 있는 사물을 확대해서 찍을 수 있는데, 이는 해상도를 많이 떨어뜨리므로 가급적 자제하는 것이 좋다.

### ❸ 안내선 사용

스마트폰 카메라 설정에서 안내선을 활성화시켜 구도에 맞게 찍어야 한다.

### ❹ 일시정지 기능

동영상 촬영 시 정지 샷을 10초 이상 찍는 연습 후 일시정지 버튼을 누르고 카메라를 이동한다.

### ❺ 프레임 사이즈

16:9 가로 사이즈와 FHD 해상도가 적당하다.

### ❻ 패닝

카메라를 좌우로 천천히 움직이는 촬영 기법이다.

### ❼ 틸팅

카메라를 위아래로 천천히 움직이는 촬영 기법이다.

### ❽ 팔로우 샷

유모차, 바퀴, 헬멧 등에 카메라를 고정한 후 촬영하는 기법이다.

### ❾ 카메라 각도

수평 앵글, 하이 앵글, 로우 앵글이 있다.

### ❿ 클로즈 샷, 바스트 샷, 웨스트 샷, 니 샷

### ⓫ 비행기 모드로 설정한 후

동영상을 찍으면 영상이 끊기지 않게 촬영할 수 있고 삼각대를 사용하면 흔들리지 않는 사진과 영상을 찍을 수 있다.

MEMO

# 신·중년을 위한 스마트폰 쉽게 배우기 최신판

# 부록

대한민국 대표브랜드
국가자격 시험문제 전문출판
에듀크라운
국가자격시험문제 전문출판
www.educrown.co.kr
CROWN Publishing.co
최고의 적중률!! 최고의 합격률!!
크라운출판사
국가자격시험문제 전문출판
http://www.crownbook.com

# 실기 문제(주관식 50문항)

**1** 스마트폰으로 명함을 스캔해서 정확한 인식률을 통해 명함 정보를 빠르고 정확하게 저장 및 정리할 수 있으며, 주소록에 자동저장이 가능한 어플의 이름은?

**2** 다음은 무엇에 관한 설명인가?

> 당장 필요한 서류를 스캔해야 할 때 이 어플을 사용하면 일반 스캐너로 스캔한 것과 같은 완벽한 문서를 손에 넣을 수 있다. 문서 스캔 · 저장 · 관리 · 공유 그리고 동기화 기능을 지원하여 문서를 PDF로 저장할 수 있다. 이 어플의 유료 버전을 다운받으면 전체 영역을 인식해 텍스트로도 파일을 받을 수 있다. 인식된 텍스트 파일에서는 검색 기능을 통해 원하는 부분을 검색할 수도 있다.

**3** 이 파일은 '연락처 – 설정 – 연락처 가져오기/내보내기 – 내보내기' 등의 방법을 통해 생성된다. 스마트폰 주소록을 구글 주소록에 업로드할 때 이 파일의 확장자명은 무엇인가?

**4** 다음 (　　　　) 안에 들어갈 내용은?

> 인터넷을 사용할 수 있는 휴대폰과 같은 기기를 다른 외부 기기와 연결함으로써 인터넷 사용이 가능하게 하는 인터넷 공유 방법을 (　　　　)(이)라고 한다. 이러한 인터넷 공유는 유선방식의 케이블을 연결하거나 블루투스나 Wi-Fi 같은 무선 방법을 통해 가능하다. 많은 핸드폰에는 블루투스 혹은 USB 케이블을 통해 인터넷 접근이 가능하도록 (　　　　) 소프트웨어가 설치되어 있다. 이용자가 사용하고 있는 스마트폰이나 핸드폰 기종에 따라 (　　　　) 서비스를 통해 무료로 혹은 추가요금을 냄으로써 인터넷을 사용할 수 있다.

5 이것은 스마트폰이 주 컴퓨터의 개입 없이 개인 휴대 정보 단말기(PDA)나 MP3 플레이어 같은 포터블 장치와 연결될 수 있도록 수정된 유니버설 시리얼 버스(USB) 규격이다. 이것은 스마트폰과 PC에 있는 정보를 별도의 유선 연결이나 클라우드 서비스 이용 없이 스마트폰에 바로 연결해서 정보를 저장하고 이동할 수 있는 장치이다. 이것은 무엇인가?

6 인터넷 주소가 긴 경우 단축 주소로 만들어 주는 앱을 PC나 스마트폰에서 많이 찾아볼 수 있다. 그중에서도 영문 주소를 자기가 원하는 한글 주소로 변환해서 인터넷 주소를 보낼 수 있는 사이트의 주소는 무엇인가?

7 다음은 무엇에 대한 설명인가?

> SMS와 피싱(Phishing)의 합성어로 문자 메시지를 이용한 새로운 휴대폰 해킹 기법이다. 휴대폰 사용자에게 웹사이트 링크를 포함하는 문자 메시지를 보내, 휴대폰 사용자가 웹사이트에 접속하면 트로이목마를 주입해 휴대폰을 통제하며 개인정보를 빼내 간다.

8 스마트폰 카메라의 해상도가 비약적으로 높아지면서 20~30초만 찍어도 용량이 수십 메가가 넘을 만큼 사진과 동영상의 용량이 증가하였다. 그럼으로써 용량이 큰 동영상을 SNS 앱(카카오톡 등)으로 보낼 때 용량 제한에 걸리거나 시간이 오래 걸리는 등 문제가 발생하였다. 이에 따라 자신이 보내고 싶은 동영상의 용량을 상당히 줄일 수 있는 유용한 어플들이 나오고 있다. 그중 한 가지로는 무엇이 있겠는가?

**9** **카카오톡 안에서 개인카드(신용/체크)를 등록하여 다양한 곳에서 간단하게 비밀번호만 으로 결제할 수 있는 모바일 결제 서비스는 무엇인가?**

**10** **다음은 메모 어플에 관한 설명이다. 이 어플의 이름은 무엇인가?**

| |
|---|
| 안드로이드(Android) 스마트폰, 아이폰(iPhone), 아이패드(iPad)에서 모두 사용할 수 있는 메모 어플(앱)이다. 구글(Google)에서 제작했으며 간단한 메모 및 할 일을 기록하고 검색을 하기에 매우 편리한 앱이다. 빠른 메모 & 할 일(체크리스트 기능), 북마크 기능, 미리 알림, 공유 기능, 손글씨 기능, 주석 기능, 사진 메모 기능, 음성 녹음. 라벨(Label) 기능 등을 가지고 있다. |

**11** **(          ) 안에 들어갈 내용은 무엇인가?**

| |
|---|
| (          )은(는) 사진 및 동영상을 공유할 수 있는 소셜미디어 플랫폼이다. 지난 2014년 12월, (          )은 (는) 전 세계 월간 활동 사용자(MAU) 수가 3억 명을 돌파했으며 지금까지 총 300억 장의 사진이 게재되었다고 밝혔다. 2014년 12월 기준으로 (          )에는 하루 평균 7,000만 장의 사진이 올라와 공유되며, (          )에 달리는 '좋아요' 수는 25억 개이다. (          )은(는) '인스턴트(instant)'와 '텔레그램(telegram)'이 더해진 단어이다. '세상의 순간들을 포착하고 공유한다(Capturing and sharing the world's moments)'라는 슬로건을 내걸고 2010년 출시됐다. |

**12** **다음은 무엇에 관한 설명인가?**

| |
|---|
| 네이버에서 제공하며 모바일 홈페이지 무료 제작, 도메인 생성, 온라인 마케팅 등의 서비스를 제공한다. 스마트폰과 PC에서 사용 가능하며 3개까지 만들 수 있다. |

## 13 다음은 어떤 기술에 관한 설명인가?

> 무선 접속 장치(AP : Access Point)가 설치된 곳에서 전파나 적외선 전송 방식을 이용하여 일정 거리 안에서 무선 인터넷을 할 수 있는 근거리 통신망을 칭한다. 또한, 스마트폰이나 노트북 등을 통한 초고속 인터넷의 이용 설비를 이르는 말이다. 이것을 통해 스마트폰에서도 무료로 인터넷을 사용할 수 있다.

## 14 (              ) 안에 들어갈 단어는 무엇인가?

> 모니터, 스마트폰, TV 등에서 나오는 파란색 계열의 광원이다. TV · 컴퓨터 등 스마트 기기의 디스플레이와 LED 조명 기기에서 많이 방출된다. 그러나 (              )에 오래 노출되면 눈의 피로는 물론 안구건조증이 유발되며, 심한 경우 눈 속의 망막이나 수정체에 손상이 올 우려가 있다. 또 밤늦게 스마트폰이나 PC, TV를 장시간 볼 경우 (              )(으)로 인해 수면유도 호르몬 분비가 저해되어 수면에 방해가 되기도 한다.

## 15 다음은 무엇에 관한 설명인가?

> 카카오톡 애플리케이션(앱 · 응용프로그램)에 신용카드 정보를 등록해 놓은 뒤 인터넷 쇼핑몰 등에서 물건을 살 때 비밀번호 입력만으로 간단히 결제할 수 있는 서비스이다. LG CNS의 모바일 결제 솔루션을 이용한 것으로 2014년 9월 5일부터 카카오가 서비스를 시작하였다.

## 16 다음이 설명하는 솔루션은 무엇인가?

모바일 기기 화면을 로컬 PC에서 원격 제어하는 솔루션이다. 모바일 간 PC 연결 방식은 USB, WiFi, 3G 네트워크를 이용한다. PC의 마우스 및 키보드를 가지고 모바일 화면을 원격 컨트롤할 수 있으며 그 밖에 모바일 DB 관리, 파일 송수신 기능이 있다. 얼마 전 모바일 화면을 녹화하는 기능이 추가되었다. 또한, 웹브라우저를 통해 스마트폰의 멀티미디어 콘텐츠를 별도의 다운로드 과정 없이 멀티스크린으로 바로 플레이할 수 있다.

## 17 다음은 스마트폰 세대에서 발생되는 질병 중 하나를 예방하는 방법이다. 이 질병의 이름은 무엇인가?

- 컴퓨터 모니터가 시선보다 아래에 놓이지 않도록 책 등을 괴어 놓는다.
- 스마트폰 이용 시 눈높이보다 약간 낮게 들고 보고, 이용 시간은 1시간 이내로 한다.
- 엎드리는 습관은 경추 관절을 변형시키기 때문에 엎드린 채 책을 보거나 자는 습관을 고친다.
- 의자 등받이에 쿠션을 대어 등과 의자가 밀착되도록 앉는다.
- 양손을 등 뒤에서 깍지 끼고 쭉 펴주는 '뒤 기지개'를 자주 한다.

## 18 다음은 어떤 프로그램(앱)에 관한 설명인가?

스마트폰용 무료 통화 및 메신저 응용 프로그램이다. 2010년 3월에 출시되었으며 2015년 기준 iOS, 안드로이드, 블랙베리, 윈도우폰 운영체제 및 PC(윈도우, MAC) 버전을 지원한다.
무료 통화(음성 및 영상), 문자 메시지 서비스뿐 아니라 사진, 동영상, 음성 메일 서비스를 제공하며, 일대일 및 그룹 채팅 기능을 지원한다. 또한 여러 명(5명까지)의 친구들과 함께 그룹으로 통화할 수 있는 그룹콜 기능이나 좋아하는 주제와 관계된 친구를 추가하여 다양한 정보 및 혜택을 받는 플러스 친구 서비스를 지원한다.

## 19 다음은 카카오톡의 기능 및 서비스 중 하나이다. 무엇을 설명하는 것인가?

- 와이파이나 3G/4G, LTE망을 이용하여 친구와 실시간으로 음성 통화를 할 수 있다.
- 와이파이로 하면 무료 통화를 사용할 수 있다.
- (무제한 통화) 기능은 요금제에 상관없이 상대방과의 무제한 통화를 제공한다.
- 와이파이를 잡고 이용하면 해외에서 무료 통화가 가능하다.

## 20 다음은 카메라에 대한 설명이다. (          ) 안에 들어갈 용어는?

카메라의 (          ) 수치를 높이면 사진이 밝아진다. 그러나 빛의 입자를 거칠고 강하게 하는 "감도 조절"이기 때문에 (          )이(가) 높아질수록 노이즈가 생긴다. 또한 (          )이(가) 높아지면 노이즈 억제 기능 때문에 콘트라스트가 진하거나 흐리하게 나오는 경우도 있다. 이러한 (          ) 감도를 높이면 어두운 장소에서도 밝은 사진을 쉽게 찍을 수 있다. 필름 카메라의 감도처럼 디지털 카메라에서도 (          ) 감도가 높아질수록 디테일(섬세함) 및 채도(색의 청명도)가 점차 저하되고 노이즈가 증가하여 전반적인 사진의 화질이 크게 떨어지게 된다.

## 21 다음은 어떤 프로그램(앱)에 관한 설명인가?

스마트폰과 컴퓨터 모두에서 사용할 수 있는 앱이며 프로그램이다. 컴퓨터 간 또는 컴퓨터와 스마트폰 간의 원격 제어, 데스크톱 공유, 파일 전송을 위한 컴퓨터 소프트웨어 패키지이다. 이 소프트웨어는 마이크로소프트 윈도우, 맥, 리눅스, iOS, 안드로이드 운영체제에서 동작한다. 실행 중인 기기에 웹브라우저로 접근할 수 있다. 이 응용 프로그램의 주된 기능은 컴퓨터들의 원격 제어이지만 협의 및 프레젠테이션 기능도 있다.

## 22 다음은 무엇에 관한 설명인가?

미국에서 가장 성공한 소셜 네트워크 서비스(Social Network Service, SNS ; 웹상에서 이용자들이 인맥을 형성할 수 있게 해주는 서비스) 웹사이트 중 하나로, 한국의 싸이월드와 유사한 서비스를 제공한다. '친구 맺기'를 통하여 많은 이들과 웹상에서 만나 각종 관심사와 정보를 교환하고 다양한 자료를 공유할 수 있다. 저커버그(Mark Zuckerberg)가 창업하였다.

## 23 아래의 내용은 무엇을 설명한 것인가?

활용성이나 정보성 면에서 기존의 바코드보다 한층 진일보한 코드 체계이다. 가로, 세로를 활용하여 숫자는 최대 7,089자, 문자는 최대 4,296자, 한자는 최대 1,817자 정도를 기록할 수 있는 2차원적 구성이다. 긴 문장의 인터넷 주소(URL)나 사진 및 동영상 정보, 지도 정보, 명함 정보 등을 모두 담을 수 있다. 최근에는 기업의 중요한 홍보/마케팅 수단으로 통용되면서 온/오프라인에 걸쳐 폭넓게 활용되고 있다.

## 24 (　　　　) 안에 들어갈 서비스의 이름은?

(　　　　)은(는) 네이버에서 운영하고 있는 웹하드 서비스이다. 2009년 7월 30일 오픈 베타 서비스를 시작하였다. 2015년 11월, 명칭이 N드라이브에서 (　　)(으)로 변경되었다.
(　　　　)은(는) 한 아이디당 30GB의 용량을 무료로 제공하며, 파일을 (　　　)에 업로드할 수 있다. 집, 회사 어디서든 파일 저장이 가능하며 그렇게 업로드한 파일을 어디서든 다운로드할 수 있다. 자동 동기화 기능을 통해서 PC에서 지정한 폴더를 (　　　)와(과) 동일하게 유지할 수 있다.

## 25 다음에서 설명하는 것은 무엇인가?

그룹 멤버와 함께 하는 공간이다. 동호회, 스터디, 주제별 모임을 시작할 수 있으며 스마트폰 버전과 PC 버전을 제공한다. 누구나 만들어 사용하기 쉽고 글쓰기가 가능하며 채팅도 할 수 있다. 멤버들의 연락처를 한번에 저장하는 기능이 있다. # 태그를 이용하여 검색이 용이하다. 비공개일 경우 초대를 통해 멤버가 될 수 있다. 공개일 경우 누구나 찾고 게시글을 볼 수 있다.

## 26 아래와 같은 서비스를 제공하는 어플(프로그램)은 무엇인가?

네이버의 서비스 중 하나이며 핸드폰에 저장되어 있는 연락처 백업을 매우 간단하게 해주는 어플이다. 전화번호를 백업-복원해주는 앱으로서 모바일 운영체제에 상관없이 사용할 수 있다는 점에서 매우 유용하다. 주소록 관리 서비스, 메일, 쪽지, SMS, 블로그 등 커뮤니케이션 기능도 가지고 있다.

## 27 다음에서 설명하는 웹서비스이자 앱(프로그램)은 무엇인가?

노트를 작성하는 것과 같이 정보를 축적하고 저장하기 위한 소프트웨어이자 웹서비스이다. 컴퓨터와 스마트폰을 통한 개인 문서 관리 시스템이라고 할 수 있다. 텍스트나 음성, 사진, 동영상 이외에도 모든 파일을 저장할 수 있다. 사진을 찍거나 이미지를 첨부하면 이미지 인식 작업을 진행하여 텍스트화한다. 무료사용자에게 한 달에 최대 60MB의 용량을 제공한다.

**28** **다음은 페이스북에 대한 설명이다. (　　　　　　) 안에 들어갈 단어는?**

> 페이스북에 가입한 다음, 자신의 프로필을 만들고 다른 이용자들을 친구로 추가하면 (　　　　　) 에 글을 쓰거나 친구와 메시지를 교환할 수 있다. 친구들이 프로필을 업데이트하거나 (　　　　　) 에 글을 쓰면 자동으로 알림 메시지가 떠서 이용자 간의 소통을 유도한다. 페이스북은 이용자의 실제 정체성을 보여 주는 각종 정보와 그들의 활동을 공개하도록 유도했고 이용자들의 상호작용을 촉진하는 각종 기능을 제공해 왔다. 뉴스피드에 공유되는 (　　　　　)은(는) 대부분 최신정보이거나, 댓글 또는 좋아요를 받은 글이므로 빠르게 확인 후 수정 · 삭제가 가능하다.

**29** **다음은 삼성전자에서 스마트폰 사용자에게 제공하는 소프트웨어에 대한 설명이다. 무엇에 대한 내용인가?**

> - USB 케이블 연결(일부 기기에서는 무선랜 연결이 가능)을 통해 컴퓨터와 삼성의 휴대폰 및 태블릿 PC 기기 간의 통신에 쓰는 프리웨어 응용 소프트웨어
> - 데이터 백업
> - 데이터 전송(윈도우 및 맥 PC와 삼성 모바일 기기 간)
> - 멀티미디어(오디오, 비디오, 사진 등) 관리
> - 부가 장치 · 특별 장치 기능의 구매 및 취득
> - 장치 펌웨어 및 운영체제(OS 버전) 업그레이드

**30** **다음이 설명하는 동영상 공유 서비스는 무엇인가?**

> 사용자가 동영상을 업로드하고 시청하며 공유할 수 있도록 하는 동영상 공유 서비스이다. 비디오 클립, 뮤직 비디오, 학습 비디오 등과 같이 영상 형태로 된 파일의 업로드가 가능하며, 단순 음성 파일은 업로드할 수 없다. 대부분의 동영상은 회원 가입을 하지 않아도 볼 수 있지만, 동영상을 게시하기 위해서는 회원 가입이 필요하다. 회원이 자신의 채널을 편집하고 설정할 수 있도록 하며, 게시된 동영상을 평가하고 재생 기록 등을 기반으로 추천 동영상을 표시한다.

## 31 다음에서 설명하는 스마트폰 앱은 무엇인가?

스마트폰 전문 최적화 어플로 불필요한 파일 정리, 메모리 사용량 및 앱 관리, 바이러스 백신 기능을 통해 안드로이드 기기를 빠르고 안전하게 최적의 상태로 만들 수 있다. 불필요한 캐시와 스팸 파일을 정리해주고 트로이목마, 바이러스, 멜웨어 같은 위험요소로부터 기기를 보호하여 기기 성능 향상을 도와준다. 스마트폰이 뜨거워졌을 때 사용하면 효과적이다.

## 32 다음은 무엇에 관한 설명인가?

15GB의 무료 Google 온라인 저장 공간이 기본으로 제공되어 사진, 스토리, 디자인, 그림, 녹음 파일, 동영상 등 모든 파일을 저장할 수 있다. 파일을 스마트폰, 태블릿, 컴퓨터 등에서 액세스할 수 있으므로 이것을 통해 언제 어디서나 원하는 파일을 사용할 수 있다.

## 33 아래는 네이버에서 회원들에게 제공하는 서비스에 관한 내용이다. 이것의 명칭은 무엇인가?

나만의 경험과 지식을 포스팅으로 작성하고 동일한 관심사를 가진 사람들과 소통할 수 있는 서비스이다. 별도의 개설 절차가 없으며, 네이버 회원 가입 시 자동으로 제공된다. 국내 포털 사이트로는 처음으로 트랙백, RSS, 퍼머링크 기능을 제공했으며, 단순 게시글 및 공유 서비스에 불과했던 페이퍼에서 벗어났다. 게시글 용량을 무제한으로 제공하고, 배경화면 스킨을 무료로 제공하는 등의 개편이 이루어졌다.

## 34 아래의 글이 설명하는 서비스는 무엇인가?

1999년에 개시한 온라인 커뮤니티 서비스이다. 개설 수 1,625만 개, 가입자 수 3,400만 명, 게시글 54억 개를 기록 중이다. 정치사상, 종교, 취미 등이 같은 사람들끼리 커뮤니티를 만들어 이야기를 나누는 서비스이다. 스마트폰에서도 사용이 가능하도록 플레이 스토어에서 앱으로 제공된다.

## 35 ○ 안에 들어갈 단어는 무엇인가?

인간과 똑같은 모습을 하고 인간과 닮은 행동을 하는 로봇 또는 그러한 지적(知的) 생명체이다. 공상 과학 소설 따위에 등장하는 인조인간을 뜻하기도 한다. 구글이 개발한 스마트 기기 운영체제의 이름이며, 애플 IOS와는 달리 어느 제조사에서든 자사 스마트 기기에 적용할 수 있다. 우리가 사용하는 스마트폰을 아이폰과 ○○○○○폰으로 구분하기도 한다.

## 36 스마트폰이 악성코드에 감염되는 사례가 빈번하게 발견된다. 이와 관련하여 아래는 무엇을 설명한 것인가?

모바일 백신 엔진으로서 스마트폰을 위협하는 바이러스, 웜, 트로이목마 등 악성코드로부터 사용자 단말 보호 기능을 제공한다. Anti-Virus 기능이 연동된 은행, 카드, 증권 및 쇼핑 등의 앱을 실행했을 시에 최신 엔진 업데이트 및 실시간 프로세스 검사를 통해 악성코드 감염 여부를 진단한다. 간편 인증 서비스를 사용하지 않아도 연동 백신 기능은 기존과 동일하게 동작한다.

**37** **다음은 카카오톡에서 친구를 추가하는 방법에 대한 설명이다. (　　　　　) 안에 들어갈 말은 무엇인가?**

| |
|---|
| 카카오톡에서 전화번호부에 저장되어 있는 사람은 자동으로 친구로 등록되어 무료로 대화를 나눌 수 있다. 새롭게 친구를 등록하고 싶은데 어떻게 해야 하는지 모르는 경우, 연락처 혹은 카카오톡 ID로 친구 추가를 할 수 있다. 친구 추가하는 또 다른 방법으로는 (　　　　　)가 있다. |

---

**38** **다음은 어떤 결제 수단을 설명한 것인가?**

| |
|---|
| 네이버가 2015년 6월 25일 시작한 간편 결제 서비스이다. 쇼핑몰 회원 가입, 배송지 입력 등의 절차 없이 네이버 아이디만 있으면 상품 검색 및 결제, 환불까지 한번에 이용할 수 있다. 또한 네이버 뮤직, 웹툰 등 디지털 콘텐츠 결제도 가능하다. 공인인증서나 문자 메시지 인증 없이 첫 번째 결제 때 사용했던 카드와 은행 계좌를 등록하면 그 다음부터는 비밀번호만 입력해도 결제가 가능하다. |

---

**39** **다음이 설명하는 기술은 무엇인가?**

| |
|---|
| 휴대폰, 노트북, 이어폰 · 헤드폰 등의 휴대 기기를 서로 연결하여 정보를 교환하는 근거리 무선 기술 표준을 뜻한다. 주로 10미터 안팎의 초단거리에서 저전력 무선 연결이 필요할 때 쓰인다. 예를 들어, 스마트폰끼리 가까이에서 파일을 주고받고 헤드셋을 사용하면 거추장스러운 케이블 없이도 주머니 속 MP3 플레이어를 가지고 음악을 들을 수 있다. 또한, 스마트폰에서 나오는 음악을 스피커로 크게 들을 수도 있다. |

---

## 40 아래의 글이 설명하는 파일은 무엇인가?

사전적인 정의는 '데이터 접근을 빠르게 할 수 있도록 미래의 요청에 대비해 데이터를 저장해 두는 임시 장소'이다. 예를 들어, 스마트폰으로 인터넷을 하는 동안 브라우저 앱에서는 방문한 페이지의 이미지 등 관련 정보를 임시파일로 저장하여 이후에 방문했을 때 더 빠르게 해당 페이지를 띄울 수 있게 한다. 하지만 사용하는 앱이 많을수록, 스마트폰을 오래 사용할수록 이와 같은 파일이 쌓여 오히려 스마트폰을 느리고 무겁게 만든다. 이것을 자주 삭제하고 정리해주어야 스마트폰의 속도를 높이고 저장 공간을 늘릴 수 있다.

## 41 다음이 설명하는 프로그램은 무엇인가?

웹브라우저를 통하지 않고 날씨 · 달력 · 계산기 등의 기능과 뉴스 · 게임 · 주식 정보 등을 바로 이용할 수 있도록 만든 미니 응용프로그램이다. 다시 말해 이것은 날씨 · 계산기 · 시계와 같은 유용한 기능과 각종 정보(콘텐츠)를 담고 있는 작은 크기의 애플리케이션이다. 다시 말해 바로가기(단축) 아이콘 형태로 만들어 PC 또는 모바일(휴대폰)이나 블로그 · 카페 · 개인 홈페이지 등으로 퍼가거나 다운로드할 수 있게 함으로써 웹브라우저를 통하지 않고도 이것을 클릭하기만 하면 해당 서비스를 바로 이용할 수 있도록 만든 것이다.

## 42 다음 (　　　　) 안에 넣어야 하는 내용은?

(　　　　)은(는) 게시물에 일종의 꼬리표를 다는 기능이다. 특정 단어 또는 문구 앞에 해시(#)를 붙여 연관된 정보를 한데 묶을 때 쓴다. 해시(hash) 기호를 써서 게시물을 묶는다(tag)고 하여 (　　　　)(이)라는 이름이 붙었다. 해시 기호 뒤에 오는 문구는 띄어 쓰지 않는다. 띄어 쓸 경우 (　　　　)이(가) 아닌 것으로 인식된다.

처음에는 관련 정보를 묶는 정도의 기능으로 쓰였지만, 지금은 검색 등 다른 용도로도 쓰인다. 예컨대 인스타그램이나 페이스북 같은 SNS에 게시물을 올리고 (　　　　)을(를) 달면, 다른 사용자도 그 게시물과 같은 (　　　　)을(를) 단 게시물을 함께 찾아볼 수 있다.

## 43 다음은 스마트폰에 있는 어떤 버튼에 관한 설명인가?

- 버튼을 누르면 어느 화면에서 작업 중이더라도 홈 화면(메인)으로 돌아온다.
- 버튼을 길게 누르면 음성으로 검색할 수 있는 창이 뜨는 폰도 있다.
- 기종에 따라 버튼을 두 번 누르면 카메라가 실행되기도 한다.
- 버튼을 눌러서 전화를 받을 수도 있다.
- 버튼을 2~3회 누르면 특정 기능이 작동하게 할 수 있다.

## 44 다음은 무엇에 관한 설명인가?

음악, 동영상, 책, 안드로이드 응용 프로그램, 게임을 포함한 온라인 스토어와 클라우드 미디어 플레이어를 아우르는 구글의 디지털 콘텐츠 서비스이다. 구글이 기존의 안드로이드 마켓과 구글 뮤직 서비스의 상표를 새로 변경하면서 2012년 3월에 도입되었다. 안드로이드 응용 프로그램을 받은 사용자가 구입한 지 2시간 이내에 다운로드한 응용 프로그램의 환불을 요구하면, 애플의 앱 스토어와 달리 구글의 정책에 따라 구매 금액을 모두 환불해 주어야 한다.

## 45 다음은 스마트폰에 뜨는 창의 하나를 설명한 것이다. (　　　　　) 안에 들어갈 창의 이름은?

- (　　　　　) 창은 스마트폰을 위에서 아래로 쓸어내리면 볼 수 있다.
- (　　　　　) 창은 너무 많이 띄워 놓으면 분량이 많아져서 불편하므로 수시로 모두 지워준다.
- (　　　　　) 창에서 바로 차단하는 설정으로 들어갈 수도 있다.
- (　　　　　) 창에는 중요한 것도 있지만 모두 지워도 되기 때문에 '모두 지우기' 항목을 통해 지울 것을 권장한다.

## 46 다음에서 설명하는 스마트폰 기능은 무엇인가?

- 전원 버튼과 홈 버튼을 동시에 누르면 된다.
- 방법은 조금씩 다르지만 거의 모든 기종은 이 기능을 가지고 있다.
- 기종에 따라 전원 버튼과 음량 버튼 하단을 동시에 누르기도 한다.
- 일부 기종은 카메라에서 손으로 밀어서 이 기능을 사용하기도 한다.

## 47 다음은 스마트폰의 기능을 설명한 것이다. (          )에 들어갈 단어는?

(          ) 모드 설정 후 사진 촬영 시 '김치', '치즈'라고 말하면 사진이 찍힌다. 발음하면 미소를 짓게 되는 단어를 말하므로 자연스러운 촬영에 도움을 준다. 인식하는 단어는 기기별로 조금씩 차이가 있을 수 있다. 카메라의 촬영 기능인 줌인, 줌아웃, 사진 촬영 등을 명령할 수 있다. 갤럭시 스마트폰에 있는 것과 동일한 기능으로 (          )(으)로 명령하면 카메라에서 인식한 후 명령을 실행한다. 사진 촬영부터 타이머, 플래시, 갤러리 기능을 제어할 수 있다.

- (          ) 명령어 예시 : 스마일, 김치, 촬영, 찰칵
- 10초 후 사진 촬영 : 타이머
- 줌 제어 : 크게, 작게

## 48 다음은 스마트폰에서 정리해야 하는 파일 중 하나를 설명한 것이다. 이것은 무엇인가?

이것은 웹사이트에 접속할 때 자동적으로 만들어지는 임시 파일로서 이용자가 본 내용, 상품 구매 내역, 신용카드 번호, 아이디, 비밀번호, IP 주소 등의 정보를 담고 있는 일종의 정보 파일이다. 브라우저에 저장된 사용자 정보와 입력했던 텍스트 정보를 일컬으며, 자주 삭제해주는 것이 좋다.

## 49 다음은 인터넷 주파수에 대한 설명이다. (　　　　　) 안에 들어갈 말은 무엇인가?

기존 3세대 이동통신이 진화된 기술로 차세대 통신기술을 뜻한다. LTE(Long Term Evolution)가 국제 (　　　　) 규격 속도에 약간 모자라 3.9G라고도 불리지만, 국내에선 (　　　　)(으)로 불리고 있으며, 현재 기존 무선통신규격 중 와이파이(Wi-Fi) 다음으로 빠른 속도를 가지고 있다. 단말기 하나로 위성 망, 무선 랜, 인터넷 망을 모두 사용할 수 있다. 3G보다 50배 이상 빠른 속도이며 주파수 감지에도 민감하여 어디서든 접속할 수 있다.

## 50 다음은 구글의 인공지능에 관한 설명이다. (　　　　　) 안에 들어갈 말은 무엇인가?

사용자의 음성을 인식해 질문을 파악하고 음악 재생, 예약, 스케줄 조회, 메시지 전송 등을 수행하는 인공지능(AI) 비서 시스템이다. 구글이 개발한 것으로 2016년 5월 18일(현지시각) 미국 캘리포니아 마운틴뷰에서 열린 구글 개발자회의(Google I/O)에서 공개되었다. 구글 (　　　　) 을(를) 기반으로 한 스피커 형태의 AI 개인 비서 기기인 구글 홈을 통해 집안의 디지털 기기를 연결할 수 있다.

### 정답

**1** 캠카드 **2** 캠스캐너 **3** vcf **4** 테더링(Tethering) **5** OTG **6** bitly.com **7** 스미싱(SMishing) **8** 비디오 다이어트 **9** 카카오페이 **10** 구글 킵 **11** 인스타그램(Instagram) **12** 모두(Modoo) **13** 와이파이(WiFi) **14** 블루라이트 **15** 카카오페이 **16** 모비즌 **17** 일자목(거북목) 증후군 **18** 카카오톡(KakaoTalk) **19** 보이스톡 **20** ISO **21** 팀뷰어 **22** 페이스북(Facebook) **23** QR코드 **24** 네이버 클라우드 **25** 밴드(Band) **26** 네이버 주소록 **27** 에버노트(Evernote) **28** 타임라인 **29** 키스(Kies) **30** 유튜브(YouTube) **31** 클린마스터(Clean Master) **32** 구글 드라이브 **33** 네이버 블로그 **34** 다음카페 **35** 안드로이드(Android) **36** V3 **37** QR코드 **38** 네이버페이 **39** 블루투스(Bluetooth) **40** 캐시 **41** 위젯(Widget) **42** 해시태그(Hashtag) **43** 홈 버튼 **44** 플레이 스토어 **45** 알림 **46** 캡처 **47** 음성 **48** 쿠키 **49** 4G **50** 어시스턴트

# 필기 문제(객관식 150문항)

**1** 근거리 무선망(Wireless Fidelity)으로서 유무선 공유기를 설치하면 이것을 무제한 및 무료로 쓸 수 있다. 이것은 무엇인가?

① 데이터 네트워크
② NFC
③ GP
④ 와이파이

**2** 스마트폰 작동법으로 틀린 것은?

① 디바이스를 종료하려면 전원 버튼을 길게 누른다.
② 디바이스를 켜려면 전원 버튼을 길게 누른다.
③ 전원 버튼을 짧게 누르면 대기 모드로 전환한다.
④ 화면을 켜려면 홈 버튼을 길게 누른다.

**3** 주요 버튼과 관련된 설명 중 틀린 것은?

① 작업 중에 홈 버튼을 누르면 홈 화면으로 되돌아온다.
② 최근 실행 버튼을 눌렀을 때 보이는 앱 목록은 바로바로 모두 지우기 하는 것이 좋다.
③ 취소 버튼은 작업한 내용을 취소하고 이전 화면으로 되돌아가게 한다.
④ 음량 버튼에는 음량 조절 외에도 다른 기능이 숨어 있다.

**4** 배터리를 절약하는 방법으로 틀린 것은?

① 디스플레이 밝기를 적당히 조절한다.
② 블루투스, GPS는 필요시에만 켠다.
③ 배경화면을 검은색으로 바꾼다.
④ 절전 모드를 켜지 않는다.

## 5 스마트폰 화면을 다루는 방법으로 틀린 것은?

① 가볍고 짧게 누르는 터치는 선택하거나 실행할 때 한다.
② 길게 터치하는 롱터치는 실행을 취소할 때 한다.
③ 드래그는 대상을 이동시킬 때 한다.
④ 두 손가락으로 화면을 벌리면 확대해서 볼 수 있다.

## 6 스마트폰 화면에 관한 내용으로 틀린 것은?

① 홈 화면은 여러 페이지로 구성되어 있다.
② 아이폰은 홈 화면과 앱 화면이 분리되어 있지 않다.
③ 종류가 같은 앱끼리 묶어 정리할 때는 페이지를 추가한다.
④ 화면을 캡처하는 방법은 기기마다 다르다.

## 7 블루라이트와 블루라이트 필터에 관한 내용으로 틀린 것은?

① 블루라이트는 가시광선 중에서 380nm ~ 530nm(나노미터) 영역대의 강한 청색광을 띠는 파장을 말한다.
② 고에너지 가시광선(HEV Light)이라고도 불리고, 노인 황반변성(Age-related Macular Degeneration)을 유발하는 원인으로 지적된다.
③ 스마트폰에서 이 기능을 켜면 화면의 빛을 조절하여 수면에 방해가 되지 않는다.
④ 이 기능은 설정의 디바이스 관리에서 실행할 수 있다.

## 8 스마트폰의 저장 공간을 확보하는 방법으로 틀린 것은?

① 3개월 동안 사용하지 않은 앱들은 삭제한다.
② 오래된 카카오톡과 문자들은 삭제한다.
③ 설정의 디바이스 관리에서 자주 최적화한다.
④ 동영상은 저장공간을 많이 차지하므로 무조건 찍지 않는다.

## 9 스마트폰을 안전하게 사용하기 위한 수칙으로 틀린 것은?

① 출처를 알 수 없는 앱은 다운로드하지 않는다.
② 신뢰할 수 없는 사이트는 방문하지 않는다.
③ 백신 프로그램을 설치하여 바이러스 검사를 자주 한다.
④ 스마트폰의 플랫폼 구조를 임의로 변경한다.

## 10 스마트폰으로 전화를 거는 방법에 관한 내용으로 틀린 것은?

① 인공지능을 통해 음성으로 전화를 걸 수 있다.
② 최근 기록에서 오른쪽 방향으로 옆으로 밀어 전화를 건다.
③ 통화 중에는 스마트폰의 다른 어떤 기능도 작동할 수 없다.
④ 통화 내용을 녹음할 수 있다.

## 11 연락처를 관리하는 방법으로 맞는 것은?

① 새 연락처는 내 디바이스에만 저장을 한다.
② 스마트폰은 단축번호를 설정할 수 없다.
③ 연락처에서 만든 그룹은 수정이 불가능하다.
④ 자주 연락하는 사람은 즐겨찾기로 등록한다.

## 12 카카오톡 사용법으로 맞는 것은?

① 카카오톡 프로필은 안 넣거나 적당히 꽃 그림으로 채워도 된다.
② 카카오톡으로는 전화를 걸 수 없다.
③ 카카오톡 친구 추가는 자동으로 할 수 없다.
④ 카카오톡으로 대용량의 동영상 파일은 전송할 수 없다.

## 13 메시지를 전송할 때 첨부 파일로 보낼 수 없는 것은?

① 이미지　　② 동영상
③ 대화 내용　　④ 연락처

## 14 카카오 계정에 관한 내용으로 틀린 것은?

① 카카오 계정은 메일 형식이다.
② 카카오 계정이 없으면 카카오 서비스를 이용할 수 없다.
③ 카카오톡은 한 기기에서만 로그인해야 한다.
④ 카카오톡의 비밀번호는 바꿀 수 없다.

## 15 카카오톡 채팅방에 관한 설명으로 틀린 것은?

① 채팅방의 종류로는 일반채팅, 비밀채팅, 오픈채팅방이 있다.
② 오픈 채팅방은 누구나 검색해서 참여할 수 있다.
③ 비밀 채팅은 스마트폰에서만 할 수 있다.
④ 일반 채팅방에서 채팅방을 만든 방장은 구성원을 탈퇴시킬 수 있다.

## 16 카카오톡 알림에 관한 내용으로 틀린 것은?

① 카카오톡에서 새 메시지 알림을 off 하면 카카오톡의 모든 알림을 받지 못한다.
② 각 채팅방마다 알림음을 각각 다르게 설정할 수 있다.
③ 방해금지 시간대 설정 시 적용되는 시간은 PM 9:00~AM 08:00이다.
④ 특정 키워드를 등록해 놓으면 알림이 꺼져 있어도 푸시 알림을 받을 수 있다.

## 17 보이스톡에 관한 내용으로 틀린 것은?

① 카카오톡 친구끼리 하는 음성 통화 서비스이다.
② 인터넷 연결이 되어 있지 않아도 통화를 할 수 있다.
③ 영상 통화는 페이스톡으로 한다.
④ 최대 5명까지 그룹 통화가 가능하다.

## 18 카카오톡으로 보낼 수 없는 파일은?

① 연락처 ② 지도
③ 300MB 이상의 동영상 ④ hwp 한글 파일

## 19 카카오톡 선물하기에 관한 설명 중 맞는 것은?

① 선물하기는 카카오톡 내의 쇼핑몰이다.
② 반드시 카카오톡 친구에게만 선물해야 한다.
③ 구매하기는 선물하기가 아니다.
④ 카카오톡으로 받은 선물은 받은 사람 본인만 사용할 수 있다.

## 20 카카오 송금 서비스에 관한 설명 중 틀린 것은?

① 카카오톡 송금하기는 계좌번호를 몰라도 할 수 있다.
② 카카오톡 친구라면 누구나 서로 송금할 수 있다.
③ QR 송금은 상대방에게서 돈을 받을 수 있는 QR코드를 이용하는 것이다.
④ 채팅방 내에서 송금할 때 더치페이는 불가능하다.

## 21 스마트폰 선택 시 고려해야 할 사항이 아닌 것은?

① 안정성
② A/S 및 보험
③ 하드웨어 스펙과 배터리
④ 통신사와 요금제

## 22 스마트폰 배터리를 절약하는 방법에 대해 잘못 기술한 항목은?

① 배터리 잔량이 20~30% 있을 때 충전하는 것이 좋으며 배터리가 완전히 방전되도록 두거나 과충전하는 것은 좋지 않다.
② 스마트폰 음량을 크게, 진동 세기를 세게 할수록 배터리가 빨리 소모된다.
③ 자동 동기화 및 어플 자동 업데이트 기능은 배터리 소모에 영향을 미치므로 꺼두는 게 좋다.
④ 스마트폰 와이파이, GPS를 항상 켜두면 지속적인 송수신으로 인하여 배터리 소모가 커진다.

## 23 5G는 빠른 속도와 짧은 지연 속도로 수많은 사람과 사물 기기에 연결할 수 있다는 것이 큰 장점이다. 현재 LTE가 800MB의 영화를 다운받는 데 1분 25초 정도의 시간이 소요된다고 가정하면 5G는 영화 한 편을 다운받는 데 얼마의 시간이 걸리겠는가?

① 1초 ② 1분 ③ 10초 ④ 30초

## 24 다음은 스마트폰 환경설정의 다양한 기능들이다. 잘못된 것은?

① 스마트폰 환경설정과 관련된 부분들의 명칭과 위치는 제조사마다 다르다.
② 스마트폰을 안전하게 지키는 보안 잠금 유형에는 얼굴 인식, 음성 인식, 패턴, PIN, 비밀번호 등이 있다.
③ 스마트폰 시계가 잘못된 경우에는 시스템을 초기화해야 한다.
④ 스마트폰 환경설정 디스플레이에서 화면 밝기 조절, 화면 자동 꺼짐 시간 조정을 할 수 있다.

## 25 다음이 설명하는 것은 무엇인가?

- 스마트폰이 무선 공유기 역할을 한다.
- 동시에 최대 10개의 다른 기기와 인터넷 연결을 공유할 수 있다.
- 네트워크 SSID 설정, 개방형/비개방형 보안 설정, 비밀번호 설정으로 구성되어 있다.

① USB 테더링 ② 블루투스 테더링
③ 휴대용 WI-FI 핫스팟 ④ 데이터 네트워크

## 26 다음 중 스마트폰 환경설정 화면에 나오는 기능이 아닌 것은?

① 디스플레이 기능 ② 사이트 내용 공유하기 기능
③ 키패드 변경 기능 ④ 패턴 잠그기 기능

## 27 스마트폰 홈 화면에 사이트 바로가기를 만드는 과정으로 잘못된 것은?

① 네이버, 다음 등 포털 사이트에서 제공하는 내용을 공유하고 싶을 때 사용한다.
② 네이버, 다음 검색에서 홈 화면에 바로가기를 추가하려면 화면 하단 메뉴에서 + 혹은 … 버튼을 선택한다.
③ '홈 화면에 바로가기 추가' 창에서 바로가기 타이틀은 수정이 불가능하다.
④ '홈 화면 추가' 항목을 선택한다.

## 28 다음 중 QR코드 스캔 어플이 <u>아닌</u> 것은?

① PowerPoint ② QR Droid ③ 스캐니 ④ Goggles

## 29 네이버에서 QR코드를 만드는 과정으로 <u>잘못된</u> 것은?

① QR코드에 입력한 정보는 수정이나 삭제가 불가능하다.
② QR코드 사용 방식은 '원하는 정보 담기'와 '링크로 바로 이동' 중에서 선택한다.
③ QR코드에 정보를 담을 때에 링크 URL은 다섯 가지를 입력할 수 있다.
④ QR코드에 정보를 담을 때에 이미지는 한 번에 20장씩 추가할 수 있다.

## 30 Play 스토어의 이용방법으로 <u>잘못된</u> 것은?

① Play 스토어 검색 목록 내용들을 지우고 싶다면 환경설정에 검색 기록 지우기 항목을 이용한다.
② 앱 업데이트가 될 경우 자동 업데이트가 편리하므로 항상 자동 업데이트로 설정해 놓으면 좋다.
③ Play 스토어에서 다운로드한 앱 또는 게임에 대한 업데이트 알림 체크 표시를 하면 좋다.
④ 폭력적이고 선정성 있는 앱으로부터 아이들을 보호하려면 콘텐츠 필터링 수를 조절한다.

## 31 아래는 무엇을 설명한 것인가?

| |
|---|
| 파일 정리 – 불필요한 파일 정리하여 여유 공간 확보 및 성능 향상에 도움을 준다.<br>작업 관리자 – 백그라운드 실행 앱을 종료해 메모리 용량을 최적화하고 기기 속도를 향상시켜 준다.<br>보안 & 개인정보 – 시스템과 설치된 앱을 검사하여 바이러스로부터 기기와 개인정보를 보호해 준다.<br>앱 관리 – 원하지 않는 앱을 제거할 수 있고 중요한 앱은 백업하거나 보관할 수 있다. |

① 배터리 닥터 ② 클린 마스터
③ 클리어 마스터 ④ 배터리 세이버

## 32 스마트폰으로 사진을 잘 찍는 방법에 대한 내용으로 잘못된 것은?

① ISO 수치가 높아질수록 사진이 밝게 나오며 화질은 떨어진다.
② 선명한 사진을 찍기 위해서는 ISO 숫자를 최대화하는 것이 좋다.
③ 햇빛이나 역광 때문에 사진이 어둡거나 밝게 나오는 경우 적용하는 기능은 노출 혹은 HDR 기능이다.
④ 노출을 - 방향으로 조정하면 사진이 어둡게 찍히고 + 방향으로 조정하면 화면을 밝게 찍을 수 있다.

## 33 스마트폰 연락처를 백업하는 방법 중 잘못된 것은?

① PC와 USB 케이블을 연결하여 주기적으로 백업한다.
② 다음 주소록으로 동기화한다.
③ 네이버 주소록 앱으로 동기화한다.
④ 구글 주소록과 동기화한다.

## 34 네이버 클라우드를 이용하여 스마트폰 사진을 자동 백업할 때에 관한 내용으로 잘못된 것은?

① 자동 올리기 대상 폴더를 선택할 수 있다.
② 설정에서 자동 올리기를 [켬]으로 한다.
③ 자동 올리기 시작 기준을 [오늘 날짜]로 설정한다.
④ 자동 올리기 대상은 사진만 선택 가능하다.

## 35 네이버 밴드 글쓰기에서 첨부할 수 없는 것은?

① 사진/동영상 ② 네이버페이
③ 투표 ④ 태그

## 36 스마트폰 카카오톡(KakaoTalk)으로 전송할 수 없는 것은?

① 사진/동영상 ② 음성 메시지
③ LIVE 방송 ④ 위치 정보

## 37 아래는 무엇에 대한 설명인가?

> • 스마트폰 화면을 PC에서 원격 제어하는 솔루션
> • 스마트폰 화면 캡처 가능
> • 모바일 화면 실시간 녹화 가능
> • 모바일 DB 백업 및 복원 가능

① Kies Air ② OS SCREEN ③ 모비즌 ④ 통합 드라이버

## 38 팀뷰어(TeamViewer)에 대한 설명 중 잘못된 것은?

① 팀뷰어를 사용하면 스마트폰에서 원격 컴퓨터를 쉽고 빠르고 안전하게 제어할 수 있다.
② 스마트폰으로 중요 문서에 액세스하고 파일이나 폴더를 전송할 수 있다.
③ 팀뷰어 무료 라이선스는 상업용/비상업용의 사용을 모두 허락한다.
④ 팀뷰어는 컴퓨터들의 원격 제어뿐만 아니라 협의 및 프레젠테이션 기능도 포함된다.

## 39 아래는 무엇을 설명한 것인가?

> 메모용 스마트폰 애플리케이션이다. 텍스트나 음성, 사진, 동영상 이외에도 모든 파일을 저장할 수 있다. 사진을 찍거나 이미지를 첨부하면 그 이미지 인식 작업을 진행하여 텍스트화한다. 무료 사용자에게 한 달에 최대 60MB의 용량을 제공한다. 유료 버전의 경우 PDF 파일이나 PPT 파일에 있는 텍스트도 인식을 한다.

① 인스타그램(Instagram) ② 에버노트(Evernote)
③ 포스퀘어(Foursquare) ④ 텀블러(Tumblr)

## 40 스마트폰 네이버 블로그 앱에서 글쓰기를 하는 방법으로 잘못된 것은?

① 앱에서 글쓰기 한 게시물은 PC 버전에서 수정할 수 있다.
② PC에서 글쓰기 한 게시물은 앱 버전에서 수정 할 수 없다.
③ 앱에서 작성 중인 글을 임시저장한 후 PC로 전송하여 내 컴퓨터에서 마무리할 수 있다.
④ 앱에서 포스팅 작성 중 손가락으로 터치하여 이미지의 위치를 이동시킬 수 있다.

## 41 페이스북(Facebook) 용어가 아닌 것은?

① DM ② 뉴스피드 ③ 좋아요 ④ 타임라인

## 42 아래는 무엇에 대한 설명인가?

> 온라인 사진 공유 및 소셜네트워크 서비스이다. 다양한 필터효과를 이용해서 사진과 동영상을 원하는 대로 바꿀 수 있다. 사진과 동영상을 SNS에 공유할 수 있으며, 친구에게 바로 보내기 할 수 있다. 최근 네이버 블로그와 사진 추가 연동 서비스가 시작되었다.

① 인스타그램(Instagram) ② 핀터레스트(Pinterest)
③ 포스퀘어(Foursquare) ④ 텀블러(Tumblr)

## 43 스마트폰 중독으로 인해 나타날 수 있는 증상이 아닌 것은?

① 카이로프랙틱 ② 거북목 증후군/손목 터널 증후군
③ 팝콘 브레인 ④ 디지털 격리 증후군

## 44 아래 내용은 무엇을 설명한 것인가?

> 컴퓨터 간 원격제어, 파일 전송 가능, 온라인 화상회의, 협의 및 프레젠테이션 가능, 원격 데스크탑 서비스, 모바일 기기에서 원격으로 컴퓨터 제어 가능

① Kies Air ② 팀뷰어 ③ 모비즌 ④ 통합 드라이버

## 45 에버노트(Evernote)의 용어가 아닌 것은?

① 메모 ② 노트북 ③ 스택 ④ 워크챗

## 46 스마트미디어 중독의 유형이 아닌 것은?

① 모바일 메신저/SNS 중독
② 앱 중독(앱 피로 증후군)
③ 모바일 게임 중독
④ 가상세계 중독

## 47 모비즌의 주요기능에 대한 설명이 잘못된 것은?

① 스마트폰의 파일을 PC로 백업할 수 있다.
② 회의 중에 스마트폰을 멀리 두고 오더라도 PC에서 전화나 메시지 알람을 확인할 수 있다.
③ PC의 파일은 스마트폰으로 이동할 수 없다.
④ 말로 전달이 어려울 때에는 화면을 캡처하거나 녹화해서 보낼 수 있다.

## 48 한국정보화진흥원(NIA) 스마트미디어중독 예방 가이드 중 잘못된 것은?

① 아이와 스마트미디어 사용시간을 정할 때에는 아이의 연령과 수준을 고려해야 한다.
② 채팅이나 메신저로 온 메시지는 바로바로 답장하지 않아도 된다.
③ 청소년 자녀의 건전한 스마트미디어 사용습관은 자녀 스스로 만들어야 한다.
④ 운전 중 스마트미디어를 사용해도 상관 없다.

## 49 아래에서 설명하는 이것은 무엇인가?

> 이것은 웹페이지와 더불어 페이스북, 유튜브의 모든 광고를 차단한다. 또한 웹사이트를 방문하면 나타나는 다양한 광고를 모두 자동으로 차단한다. 크롬, 사파리, 파이어폭스, 오페라 웹브라우저를 위한 오픈 소스와 콘텐츠 필터링 및 광고 차단 확장 프로그램이다.

① Screenshot
② Adblock
③ Pig Toolbox
④ Lightshot

## 50 QR-CODE에 대한 내용으로 잘못된 것은?

① QR코드는 가로세로 두 방향으로 정보를 담고 있는 2차원 형식의 코드이다.
② QR코드는 사진, 동영상, 지도 등의 정보를 담아 코드를 생성하고 SNS에 공유할 수 있다.
③ 이미지는 확대/축소가 가능하지만, 축소 시에는 주의하여야 한다.
④ QR코드 이미지 자체 훼손율이 20% 미만이면 인식이 가능하다.

**정 답**

| 1 | 2 | 3 | 4 | 5 | 6 | 7 | 8 | 9 | 10 | 11 | 12 | 13 | 14 | 15 |
|---|---|---|---|---|---|---|---|---|---|---|---|---|---|---|
| ④ | ④ | ② | ④ | ② | ③ | ④ | ④ | ④ | ③ | ④ | ④ | ③ | ④ | ④ |
| 16 | 17 | 18 | 19 | 20 | 21 | 22 | 23 | 24 | 25 | 26 | 27 | 28 | 29 | 30 |
| ③ | ② | ③ | ① | ④ | ③ | ③ | ① | ③ | ③ | ② | ③ | ① | ① | ② |
| 31 | 32 | 33 | 34 | 35 | 36 | 37 | 38 | 39 | 40 | 41 | 42 | 43 | 44 | 45 |
| ② | ② | ① | ④ | ② | ③ | ③ | ③ | ② | ② | ① | ① | ① | ② | ① |
| 46 | 47 | 48 | 49 | 50 | | | | | | | | | | |
| ④ | ③ | ④ | ② | ④ | | | | | | | | | | |

## 51 스마트폰 피해 예방법 및 구제 방법을 기술한 것 중 잘못된 것은?

① 보이스피싱 – 금융회사에 지급정지 신청을, 경찰서에 피해 신고를, 보이스피싱 지킴이에 환급 신청을 한다.
② 스미싱 – 소액결제 이용이 없는 이용자는 소액결제 차단 요청을 하지 않아도 된다.
③ 명의 도용 – 방송통신 CS센터, 통신 민원조정센터를 통해 상담을 요청한다.
④ 대출 사기 – 신분증, 신용카드 및 공인인증서 정보를 타인에게 절대 제공하지 않는다.

## 52 파일전송 'Send Anywhere'에 대한 설명으로 잘못된 것은?

① 스마트폰과 PC 간에 파일을 서로 주고받을 수 있다.
② 안드로이드폰과 아이폰에서도 서로 자료를 공유할 수 있다.
③ 파일의 크기나 종류에 상관없이 자료를 주고받을 수 있다.
④ 언어 선택은 현재 영어만 지원하고 있다.

## 53 스마트폰 어플 중 동영상 제작 어플이 아닌 것은?

① Viva Video ② Photowonder ③ Cutecut ④ Kinemaster

## 54 페이스북(Facebook)에 대한 설명으로 틀린 것은?

① 동영상 자동재생을 Wi-Fi에서만 가능하게 할 수는 없다.
② 페이스북 친구는 자신의 그룹에 언제든지 가입시킬 수 있다.
③ 페이스북도 트위터처럼 리스트를 만들 수 있다.
④ 페이스북 댓글에 태그를 할 때 '@'를 사용한다.

## 55 다음 중 설명이 잘못된 것은?

① SNS-Social Network Service, 상호관계망 서비스
② SMS-Short Message Service, 단문 메시지 서비스
③ OS-Operating Service, 스마트폰 운영체제
④ QR-Quick Response의 약자로 2차원 바코드

## 56 SNS에 올릴 사진에 타인의 얼굴이 나왔을 때 보이지 않게 하는 포토원더 기능은?

① 필터 효과 ② 모자이크 ③ 색조 ④ 말풍선

## 57 무료로 만드는 네이버의 쇼핑 솔루션 서비스의 이름은 무엇인가?

① 모두 ② 밴드 ③ 스토어팜 ④ 폴라

## 58 스마트폰 이용자들의 통신서비스와 요금제 선택권을 보장하기 위해 서비스를 제공하는 통신요금 정보 포털 사이트명은?

① 스마트라이프 ② 스마트가이드 ③ 스마트초이스 ④ 마이초이스

## 59 카카오스토리 채널에 관한 설명으로 틀린 것은?

① 정성스레 채널에 작성한 레시피 글은 스토리뿐만 아니라 Daum에도 검색 결과로 제공된다.
② 글을 작성할 때 30일 이내로 업로드 예약시간을 설정할 수 있다.
③ 발행 시간 전이라면 언제든지 텍스트, 이모티콘, 사진, 동영상, 링크 수정이 가능하다.
④ 예약 게시글 작성, 수정, 발행에 대한 내용은 알림센터 및 활동 로그에서 확인할 수 있다.

## 60 카카오스토리(KakaoStory)에 대한 내용 중 잘못된 것은?

① 카카오스토리 친구 맺기는 최대 1,000명까지 가능하다.
② 카카오스토리 계정은 하나 이상 만들 수 있다.
③ 카카오스토리에 등록할 사진은 최대 20장이다.
④ 카카오스토리의 댓글과 느낌은 삭제가 불가능하다.

## 61 스미싱 피해를 예방하는 방법을 기술한 것 중 잘못된 것은?

① 플레이스토어 이외의 스토어에서 받은 앱만 설치한다.
② 문자나 인터넷에서 받은 앱은 설치하지 않는다.
③ 환경설정 > 보안 > 알 수 없는 출처 체크 표시를 한다.
④ 스마트폰용 백신 프로그램을 설치한다.

## 62 트위터(Twitter) 용어가 아닌 것은?

① 트윗(Tweet) ② 리플라이(Reply) ③ 리트윗(Retweet) ④ 좋아요

## 63 분실된 핸드폰의 습득자와 분실자를 이어주는 역할을 하는 휴대폰 분실•도난 단말기 집중관리센터의 웹사이트 이름은?

① 우정사업본부 ② 핸드폰찾기 콜센터
③ 방송 통신 이용자보호센터 ④ 대중교통 통합분실물 센터

## 64 물에 젖은 스마트폰의 대처 요령으로 가장 적합한 방법은?

① 배터리 분리 후 말리기 ② 헤어드라이어로 말리기
③ 최대한 빨리 서비스센터에 맡기기 ④ 그늘에서 말리기

## 65 인터넷 주파수 4G에 대한 설명 중 잘못된 것은?

① 단말기 하나로 위성 망, 무선 랜, 인터넷 망을 모두 사용할 수 있다.
② 2009년 12월 벨기에의 텔리아 소네 라싸가 세계 최초로 LTE 방식으로 상용화에 성공했다.
③ LTE-A는 LTE보다 속도가 2배 빠르다.
④ 3G보다 50배 이상 빠른 속도이며 주파수 감지에도 민감하여 어디에서든 접속할 수 있다.

## 66 전화금융사기에 대처하는 방법으로 잘못된 것은?

① 금융 거래정보 요구에는 일절 응대하지 않는다.
② 현금지급기로 유인하면 100퍼센트 전화금융사기이다.
③ 계좌이체를 한 경우 즉시 거래은행에 지급정지 요청을 한다.
④ 전화로 120 다산콜센터에 '개인정보 노출자 사고예방 시스템'을 등록한다.

## 67 블로그 마케팅 성공요소 4C가 아닌 것은?

① Concept ② Contents ③ Cooperation ④ Communication

## 68 카카오 스토리채널의 최대 구독자 수는?

① 1,000명 ② 5,000명 ③ 10,000명 ④ 무제한

## 69 스마트폰 와이파이에 관한 설명으로 잘못된 것은?

① 스마트폰의 와이파이는 어느 곳에서나 자동으로 연결된다.
② 스마트폰의 와이파이를 설정한 후에는 무료 사용이 가능하다.
③ 와이파이를 설정하고 '자동으로 다시 연결'을 체크해 놓으면 같은 장소에서는 자동으로 와이파이가 잡힌다.
④ 보안이 설정된 와이파이는 암호를 입력해서 연결한다.

## 70 스마트폰 홈 버튼에 관한 설명으로 틀린 것은?

① 홈 버튼을 누르면 어느 화면에서 작업 중이어도 홈 화면(메인)으로 온다.
② 홈 버튼을 길게 누르면 음성으로 검색할 수 있는 창이 뜨는 폰도 있다.
③ 홈 버튼을 누르면 스마트폰 화면이 꺼진다.
④ 홈 버튼을 눌러서 전화를 받을 수도 있다.

## 71 스마트폰 위젯에 관한 설명으로 틀린 것은?

① 화면에서 곧바로 사용할 수 있도록 자주 사용하는 기능만을 모아 놓은 도구모음이다.
② 날씨 · 달력 · 계산기 등의 기능과 뉴스 · 게임 · 주식정보 등을 바로 이용할 수 있도록 만든 미니 응용프로그램이다.
③ 위젯은 반드시 플레이스토어에서 다운받아 설치해야한다.
④ 홈 화면에서 손가락을 오므리거나 일부 폰에서는 화면을 꾹 누르면 위젯이 보인다.

## 72 스마트폰 알림창을 설정하는 방법으로 틀린 것은?

① 알림창은 스마트폰을 위에서 아래로 쓸어내리면 볼 수 있다.
② 알림창을 너무 많이 띄워 놓으면 분량이 많아져서 불편하므로 수시로 모두 지워준다.
③ 알림창에서 알림을 차단하는 설정으로 들어갈 수도 있다.
④ 알림창은 중요하므로 그 창들을 절대 지우면 안 된다.

## 73 스마트폰을 조작하는 방법에 대한 설명 중 틀린 것은?

① 짧게 터치해서 실행시키는 방법이 있다.
② 길게 롱터치해서 사용해야 할 때도 있다.
③ 컴퓨터의 마우스 클릭을 하듯이 반드시 따딱 해야만 앱을 실행할 수 있다.
④ 두 손가락을 오므리거나 벌려야 할 때도 있다.

## 74 스마트폰 화면에 폴더를 만드는 방법으로 맞는 것은?

① 반드시 홈 화면에서 만들어야만 폴더를 만들 수 있다.
② 폴더를 만들 때 이름을 잘 만들어야 한다. 수정이 불가능하기 때문이다.
③ 폴더는 앱 아이콘을 꾹 눌러 이동하면서 겹치면 만들어진다.
④ LG폰에서는 폴더를 만들 수 없다.

## 75 스마트폰 화면 캡처 기능에 관한 설명으로 틀린 것은?

① 전원 버튼과 홈 버튼을 동시에 누르면 화면이 캡처된다.
② 모든 기종은 화면 캡처를 하는 방법이 동일하다.
③ 기종에 따라 전원 버튼과 음량 버튼 하단을 동시에 누르기도 한다.
④ 일부 기종은 카메라에서 손으로 밀어서 캡처하는 기능도 있다.

## 76 스마트폰 네이버 앱에서 지원하는 캡처에디터 기능의 설명으로 틀린 것은?

① PC의 네이버 홈페이지에 로그인한 후 설정해야 스마트폰에서 사용이 가능하다.
② 스마트폰 네이버 앱의 네앱연구소 안에서 캡처에디터를 설정한다.
③ 스마트폰의 네이버 검색 내용을 '현재 화면 캡처'할 수 있다.
④ 스마트폰의 네이버 검색 내용을 '전체 화면 캡처'할 수 있다.

## 77 안드로이드폰의 구글 계정에 관한 설명으로 잘못된 것은?

① 구글 계정은 스마트폰 구입 시 본인도 모르게 만들어질 수도 있다.
② 구글 계정이 없어도 안드로이드폰을 사용하는 데는 전혀 이상이 없다.
③ 구글 계정은 플레이스토어에서 석 삼자를 누르면 확인이 가능하다.
④ 구글 계정의 비밀번호를 모를 때 설정의 '클라우드 및 계정'으로 들어가 '계정 추가'를 누른 후 'Google'로 들어가서 몇 가지 방법으로 다시 만들 수 있다.

## 78 스마트폰 앱 설치에 관한 설명 중 잘못된 것은?

① 스마트폰 앱은 설치가 되면 화면의 앱 아이콘 안에 아이콘이 생긴다.
② 스마트폰 앱은 플레이스토어에서 검색하여 원하는 앱을 설치할 수 있다.
③ 원스토어에서는 스마트폰 앱을 다운받아 설치하는 것이 불가능하다.
④ 개발자가 누구든 스마트폰 앱을 플레이스토어에 올릴 수 있다.

## 79 연락처에 관한 내용 중 잘못된 것은?

① 내 연락처에 사진을 넣어서 사용할 수 있다.
② 내 연락처의 사진이나 프로필은 수시로 편집이 가능하다.
③ 연락처에 연락처 저장 시 저장위치를 내아이디@gmail.com으로 해놓으면 추후에 관리하기가 편리하다.
④ 연락처를 그룹으로 묶으면 오류가 많으므로 그룹은 사용을 자제한다.

## 80 스마트폰에서 문자 메시지를 보내는 방법으로 잘못된 것은?

① 문자는 키보드를 이용해서도 보낼 수 있지만 음성으로 보내면 편리하다.
② 문자는 무료 서비스이므로 통신사와 상관없이 무제한으로 사용해도 상관없다.
③ 문자를 보내면서 이미지를 첨부해서 보낼 수 있다.
④ 문자를 보낼 때 그룹을 활용하면 단체문자를 보내기 쉽다.

## 81 전화를 받을 수 없는 상황인데 전화가 왔을 때 정중하게 끊을 수 있는 방법은?

① 재빠르게 미안하다는 말만 하고 바로 끊는다.
② 전원 버튼을 눌러서 벨 소리가 안 나게 하고 상대가 알아서 끊게 한다.
③ 일단은 누가 전화했나 확인 후 끊을 때까지 그냥 둔다.
④ 수신거절 메시지를 사용자의 상황에 맞는 문구로 미리 만들어 놓았다가 전화가 오면 화면을 밀어올려 메시지를 터치해서 전송한다.

## 82 카카오톡에서 단톡방 안에서 친구로 등록되지 않은 사람에게 가장 쉽게 전화 거는 방법은?

① 그 사람이 잘 아는 사람에게 연락해서 전화번호를 알아낸다.
② 그냥 단톡방에서 전화번호가 어떻게 되느냐고 물어본다.
③ 단톡방에서 먼저 친구추가를 한 뒤 무료통화를 눌러서 통화한다.
④ 페이스북에 그 사람 이름을 검색해서 전화번호를 알아낸다.

## 83 같은 통신사가 아닐 때 가장 쉽게 무료 통화를 할 수 있는 방법은?

① 타인에게 전화를 빌려서 통화한다.
② 연락처에서 어떤 방법으로든 공짜로 통화할 수 있는지 찾아본다.
③ 페이스북에서 이름을 눌러서 통화한다.
④ 카카오톡의 보이스톡을 이용해 무료 통화를 한다.

## 84 전화 통화 후 부주의로 전화가 끊기지 않아 문제가 생기는 경우가 종종 있다. 쉽고 확실하게 전화를 끊는 방법은 무엇인가?

① 통화가 끝나면 무조건 스마트폰을 꺼버린다.
② 통화 후 전화 앱을 실행시켜 전화가 끊어졌나 확인한다.
③ 전화 앱의 '설정'으로 들어가 '전화 받기 및 전화 끊기'에서 전원 버튼을 눌러 '전화 끊기'를 설정한다.
④ 전화 통화가 끝나면 스마트폰을 뒤집어 놓는다.

## 85 스마트폰에서 카카오톡으로 할 수 없는 것은?

① 카카오페이로 송금
② 이미지를 PC로 전송해서 문서 만들기
③ 쇼핑해서 선물로 보내기
④ 영화표 예매해서 보내기

## 86 네이버 주소록에 관한 설명으로 틀린 것은?

① 네이버 주소록 앱을 플레이스토어에서 설치한 후 사용해야 한다.
② 네이버 주소록의 단점은 백업(내보내기)만 가능하고 복원(가져오기)이 안 된다는 것이다.
③ 스마트폰을 잃어버렸을 때를 대비해서 연락처들을 클라우드에 업로드할 수 있다.
④ '자동 내보내기/가져오기' 기능이 있어서 동기화가 되어 사용이 편리하다.

## 87 스마트폰 디스플레이 설정에 대한 설명으로 틀린 것은?

① 화면 밝기 조절을 통해 어두운 곳에서는 밝게 조절할 수 있다.
② 화면의 글자 크기와 글꼴을 내 눈에 보기 좋게 설정할 수 있다.
③ 화면 밝기를 아주 밝게 해도 배터리 소모와는 무관하다.
④ 스마트폰을 사용하지 않을 때에는 화면이 자동으로 꺼지도록 설정할 수 있다.

## 88 음성 입력과 키보드의 마이크에 대한 설명으로 틀린 것은?

① 모든 키보드에는 기본적으로 마이크가 활성화되어 있다.
② 삼성 스마트폰에는 S보이스 기능이 있다.
③ LG 스마트폰에는 Q보이스 기능이 있다.
④ 키보드에서 음성 입력 기능을 사용하려면 설정을 꾹 눌러 마이크를 선택한다.

## 89 키보드의 설정을 눌렀을 때의 기능으로 틀린 것은?

① 다국어를 음성 입력하여 텍스트로 변환하기 설정
② 손글씨를 입력해주는 필기 인식 기능
③ 한글을 한자로 변환시켜 주는 기능
④ 이미지와 사진을 텍스트로 변환시켜 주는 기능

## 90 스마트폰의 네이버 검색창의 글씨를 크게 하고 싶을 때 설정 방법으로 맞는 것은?

① 스마트폰 디스플레이 설정에서 글자 크기를 키운다.
② 네이버앱의 네앱연구소에 들어가서 글꼴을 Foundation으로 바꾸고 크기에서 플러스를 눌러 글자 크기를 키운다.
③ 키보드 설정에서 글자 크기를 키운다.
④ 키보드 글자 크기를 키우는 앱을 설치해서 글자를 키운다.

## 91 다음은 스마트폰의 알림기능에 대한 설명이다. 틀린 것은?

① 중요한 알림이 알림창에 떠서 실시간으로 새로운 정보를 확인할 수 있다.
② 설치한 모든 앱에서 보내는 알림을 모두 받을 필요는 없으므로 알림을 끌 수 있다.
③ 모든 앱의 알림은 중요하므로 알림을 전부 받도록 설정하는 것이 바람직하다.
④ 꼭 받아야 하는 알림은 애플리케이션 알림에서 알림 허용을 하고 중요 알림으로 설정한다.

## 92 스마트폰 '디바이스 관리(최적화)를 위한 작업'에 있는 내용이 아닌 것은?

① 배터리 절약
② 저장 공간 늘리기
③ 바이러스로부터 보호
④ 동영상 크기 줄이기

## 93 스마트폰 네이버앱의 인공지능으로 검색할 수 없는 것은?

① 오늘의 날씨 알려줘
② 지금 흘러나오는 음악의 제목과 가수
③ 오늘의 주식 시세
④ 앞으로의 나의 운세

## 94 스마트폰 다음 앱의 검색창 안에 있는 아이콘 기능에 없는 것은?

① 음성 검색
② 법인 상호 검색
③ 꽃 검색
④ 코드 검색

## 95 다음은 네이버페이에 관련된 내용이다. 틀린 것은?

① 신용카드 번호를 입력하거나 계좌이체를 하지 않고도 온라인 쇼핑몰에서 간편하게 결제할 수 있는 서비스이다.
② 카드나 계좌를 한번 등록해 두면 네이버페이 전용 비밀번호를 입력하는 것만으로 간편하게 쇼핑 및 결제를 할 수 있다.
③ m.pay.naver.com에서 설정하고 사용할 수 있다.
④ 카카오톡에서 카카오페이를 사용해야만 네이버페이도 함께 쓸 수 있다.

## 96 네이버페이로 할 수 있는 일이 아닌 것은?

① 받는 사람의 계좌번호를 몰라도 휴대폰 연락처나 네이버 아이디만 알면 송금할 수 있다.
② SPD샵에서 결제가 가능하다.
③ 전 세계 어느 인터넷 쇼핑몰에서도 결제가 가능하다.
④ 네이버 쇼핑몰에서 간편하게 결제가 가능하다.

## 97 다음은 카카오페이에 관한 설명이다. 틀린 것은?

① 카카오페이는 아무런 설정 없이 카카오톡만 되면 어디서나 사용이 가능하다.
② 카카오페이는 카카오톡의 모바일 결제 서비스이다.
③ 내 은행 계좌를 한 번만 연결해 놓으면 비밀번호를 입력하는 것만으로 자유롭게  충전/출금이 가능하다.
④ 카카오페이로 '카카오톡에서 선물하기'가 가능하다.

## 98 카카오톡에서 QR코드로 송금하는 것에 관한 설명 중 잘못된 것은?

① 현금이나 카드 거래가 안 되는 때에도 사용이 가능하다.
② 머지않은 미래에는 소상공인도 카카오톡의 QR코드 송금을 활성화할 것이다.
③ 카카오톡 안에는 나만의 QR코드가 있고 QR코드 스캐너도 있다.
④ 카카오톡에서 QR코드로 송금하는 것은 카카오톡 친구 1,000명 이상인 사람만 가능하다.

## 99 카카오뱅크에 관한 설명으로 틀린 것은?

① 카카오톡 가입자는 자동으로 카카오뱅크 계좌를 하나씩 가지고 있다.
② '한국카카오은행, Kakao Bank of Korea'는 대한민국의 인터넷 전문 은행이다.
③ 카카오가 운영하는 인터넷 전문 은행으로 2017년 7월 영업을 시작하였다.
④ 플레이스토어에서 카카오뱅크 앱을 설치한 후 계좌 개설을 하고 사용한다.

## 100 카카오톡에서 친구를 추가하는 방법이 아닌 것은?

① 연락처로 추가
② QR코드로 추가
③ 사진으로 추가
④ 카카오톡 ID로 추가

### 정답

| 51 | 52 | 53 | 54 | 55 | 56 | 57 | 58 | 59 | 60 | 61 | 62 | 63 | 64 | 65 |
|---|---|---|---|---|---|---|---|---|---|---|---|---|---|---|
| ② | ④ | ② | ① | ③ | ② | ③ | ③ | ③ | ④ | ① | ④ | ③ | ③ | ② |
| 66 | 67 | 68 | 69 | 70 | 71 | 72 | 73 | 74 | 75 | 76 | 77 | 78 | 79 | 80 |
| ④ | ③ | ① | ① | ③ | ③ | ④ | ③ | ③ | ② | ① | ② | ③ | ④ | ② |
| 81 | 82 | 83 | 84 | 85 | 86 | 87 | 88 | 89 | 90 | 91 | 92 | 93 | 94 | 95 |
| ④ | ③ | ④ | ③ | ② | ② | ③ | ① | ④ | ② | ③ | ④ | ④ | ② | ④ |
| 96 | 97 | 98 | 99 | 100 | | | | | | | | | | |
| ③ | ① | ④ | ① | ③ | | | | | | | | | | |

## 101 카카오톡의 오픈채팅방에 관한 설명으로 가장 적합한 것은?

① 카카오톡의 채팅방 추가에는 자물통 모양의 오픈채팅방이 있다.
② 친구 추가를 하지 않은 사람이어도 오픈채팅 링크를 보내면 채팅방에 모여 대화할 수 있다.
③ 오픈채팅방은 비밀스러운 내용을 주고받을 때 만드는 채팅방이다.
④ 일반채팅은 닫힌 채팅방이고 오픈채팅은 열린 채팅방이다.

## 102 카카오톡에서 채팅방에서 사진 보내는 방법에 대한 설명으로 틀린 것은?

① 카카오톡에는 사진을 최대 3장까지만 올릴 수 있다.
② 카카오톡에는 사진 여러 장을 묶어 보내는 기능이 있다.
③ 카카오톡에서 '+'를 눌러 사진을 선택한 후 '전체보기'를 누르고 그 아래의 '묶어보내기'를 누르면 된다.
④ 카카오톡에서 사진을 여러 장 보낼 때는 묶어 보내면 편리하다.

## 103 카카오톡의 유용한 기능에 관한 설명으로 틀린 것은?

① 카카오톡 채팅방에서 투표하기가 가능하다.
② 카카오톡 대화 내용을 한 장으로 캡처하는 것이 가능하다.
③ 카카오톡 채팅방에서 영화 예매가 가능하다.
④ 카카오톡 채팅방에서 기차표를 함께 예매하는 기능이 있다.

## 104 다음은 밴드에 관한 내용이다. 틀린 것은?

① 밴드란 네이버 밴드로서 플레이스토어에서 설치할 수 있다.
② 밴드는 PC용 네이버 밴드를 설치하여 PC에서도 사용할 수 있다.
③ 밴드는 스마트폰에서만 가능한 스마트폰 전용 앱이다.
④ 밴드는 네이버 로그인을 하면 편리하게 사용할 수 있다.

## 105 밴드를 만드는 방법에 대한 설명이다 틀린 것은?

① 밴드 앱에서 우측 상단의 + 버튼을 눌러서 만들 수 있다.
② 밴드는 취미, 동호회 관련해서만 만들 수 있다.
③ 밴드를 만드는 추가 창에 들어가면 취미 외에도 많은 영역의 밴드를 만들 수 있다.
④ '직접 만들기'를 통해 자신만의 밴드를 만들 수 있다.

## 106 내 밴드를 만들어서 사용하면 좋은 점이 아닌 것은?

① 잊기 쉬운 ID/PW를 저장해서 관리하기 쉽다.
② 사진첩 기능을 통해 사진을 밴드에 보관할 수 있다.
③ 밴드에 좋은 글을 보관하고 태그로 검색하는 것이 가능하다.
④ 밴드에 통장을 연결해서 수수료 없이 송금하기 쉽다.

## 107 밴드에 가입된 멤버의 전화번호를 한꺼번에 저장하는 방법으로 맞는 것은?

① 밴드에서 가입자의 프로필을 더블클릭해서 연락처에 추가한다.
② 원하는 밴드 하단에 있는 사람 두 명이 그려진 아이콘을 터치한 후, 오른쪽 상단의 아래로 향한 화살표를 눌러서 '연락처 모두저장'을 선택한다.
③ 밴드에서 가입자를 한 명 한 명 눌러서 연락처에 저장한다.
④ 밴드의 설정에 들어가서 '연락처 모두 저장'을 한다.

## 108 다음 중 PC 버전과 스마트폰 앱 버전이 모두 있지 않은 것은?

① 네이버 밴드 ② 카카오톡
③ 모비즌 ④ 윈도우 무비메이커

## 109 밴드에 게시되어 있는 글과 정보를 쉽게 검색하는 방법은?

① 글쓰기 제목 ② 밴드 이름 영문으로
③ 해시태그 ④ 이미지만 따로 저장

## 110 네이버 밴드 앱에 관한 설명 중 틀린 것은?

① 밴드의 고정밴드 관리에서 고정시킬 수 있는 밴드의 수는 5개이다.
② 밴드는 숨김밴드로 관리할 수 있다.
③ 밴드의 대표사진은 밴드설정관리에서 변경 가능하다.
④ 밴드의 최대 멤버 수는 1,000명이다.

## 111 스마트폰 문자와 카카오톡을 최적화하는 방법으로 잘못된 것은?

① 오래된 문자를 정리 · 삭제한다.
② 오래된 카카오톡 채팅방을 정리 · 삭제한다.
③ 자주 연락하지 않는 전화번호를 삭제한다.
④ 카카오톡 대화방의 미디어 파일을 삭제한다.

## 112 스마트폰의 파일 저장 공간을 확보하기 위한 방법이 아닌 것은?

① 안 쓰는 어플을 찾아서 삭제한다.
② 네이버의 인터넷 기록을 삭제한다.
③ 크롬 브라우저의 인터넷 사용기록을 삭제한다.
④ 전화번호 앱을 쓸 때 단축번호는 사용 공간을 많이 차지하므로 사용하지 않는다.

## 113 다음은 네이버 클라우드에 관한 설명이다. 틀린 것은?

① 네이버 계정을 가지고 있는 사람들은 무료로 사용할 수 있다.
② 네이버 클라우드는 2019년 1월 현재 30GB를 무료로 제공하고 있다.
③ 구글 포토처럼 사진만을 저장하기 위한 공간이다.
④ 네이버 클라우드 안에 폴더를 만들어서 관리하기도 한다.

## 114 다음 중 고객에게 무료로 일정 용량을 제공하는 클라우드 서비스가 아닌 것은?

① 네이버 클라우드
② 구글 드라이브
③ MS 원드라이브
④ LG 드라이브

## 115 구글 포토에 관한 설명으로 틀린 것은?

① 구글 계정과 상관없이 누구나 사용이 가능하다.
② 구글 계정을 가진 사람들에게 무료로 제공된다.
③ 스마트폰에서 동기화를 시켜 놓은 경우 사진을 촬영하면 자동으로 구글 포토에 올라간다.
④ 이미 구글 포토에 업로드된 사진은 스마트폰에서 삭제해도 괜찮다.

## 116 다음 중 스마트폰에서 제공하는 지도 및 교통 서비스가 아닌 것은?

① 네이버 지도
② 카카오 교통 서비스
③ T맵
④ 한국지도편람

## 117 다음은 네이버 지도 앱에 관한 설명이다. 잘못된 것은?

① 플레이스토어에서 네이버 지도를 검색해서 설치한다.
② 네이버 지도 길찾기에서 내 위치와 내가 가고자 하는 위치를 입력하면 여러 가지 교통수단으로 길을 알려준다.
③ 네이버 지도는 내비게이션 기능은 지원하지 않는다.
④ 네이버 지도에서는 지하철노선도를 통해 지하철 정보도 제공한다.

## 118 내 파일 이동과 공유하기에 대한 설명으로 잘못된 것은?

① 공유하고 싶은 파일을 길게 누른 후 공유 메뉴에서 공유할 곳을 선택한다.
② 사진과 동영상만 공유가 가능하다.
③ '내 파일'을 구글 드라이브나 네이버 클라우드에도 공유할 수 있다.
④ 폴더 안의 파일을 모두 선택해서 더보기 메뉴를 누르면 이동/복사 메뉴를 선택할 수 있다.

## 119 무료로 사용할 수 있는 클라우드 서비스와 무료 제공 데이터 공간으로 틀린 것은?

① 네이버 클라우드 – 30GB
② 구글 드라이브 – 15GB
③ MS 원드라이브 – 5GB
④ 드롭박스 – 20GB

## 120 다음 중 네이버 지도로 목적지를 찾아갈 때 교통수단으로 제공하지 않는 것은?

① 자동차　　② 자전거　　③ 대중교통　　④ 비행기

## 121 다음 중 네이버 지도 안에서 볼 수 없는 것은?

① CCTV　　② 등산로　　③ 지적편집도　　④ 방범초소

## 122 Tmap에 대한 설명으로 틀린 것은?

① SK 텔레콤에서 제작하여 유포하는 모바일 내비게이션이다.
② 원스토어에서만 설치가 가능하다.
③ Tmap은 음성 명령으로 사용할 수 있다.
④ 실시간 교통 정보를 제공하므로 편리하게 사용할 수 있다.

## 123 Tmap에서 제공하는 주변 서비스가 아닌 것은?

① 은행/ATM 찾기　　② 주유/충전소 찾기
③ 병원/약국 찾기　　④ 사우나/찜질방 찾기

## 124 페이스북의 친구에 대한 설명으로 틀린 것은?

① 친구를 추가할 때 그 수에는 제한이 없다.
② 친구신청이 왔을 때 과도한 노출이나 선정성 있는 사진을 올린 사람은 아예 차단을 하는 것이 현명하다.
③ 친구신청이 왔을 때 사진이 없거나 프로필이 전혀 없는 사람은 주의하는 것도 방법이다.
④ 친구로 추가된 사람도 차단하거나 삭제할 수 있다.

## 125 카카오내비에 관한 설명으로 잘못된 것은?

① 카카오톡 서비스 중 하나이다.
② 카카오내비에는 '우리 집 등록하기' 기능이 있다.
③ 카카오내비에서는 길 안내 음성을 전라도 사투리로 들을 수 있다.
④ 월 2,000원의 사용료를 내야 한다.

## 126 다음 중 카카오톡 전체 서비스가 아닌 것은?

① 카카오내비 ② 카카오지하철 ③ 카카오항공 ④ 카카오버스

## 127 다음은 모바일 티머니에 대한 설명이다. 잘못된 것은?

① 모바일 티머니 카드를 24시 편의점에서 반드시 구입 하여야 한다.
② 모바일 티머니는 후불 교통카드를 지원한다.
③ 플레이스토어에서 모바일 티머니를 설치한 후 사용한다.
④ 모바일 티머니에서 카드 등록을 해 놓고 사용하면 편리하다.

## 128 다음은 스마트폰에서 기차표를 예매하는 방법에 대한 설명이다. 잘못된 것은?

① 플레이스토어에서 코레일톡을 설치해서 사용하면 편리하다.
② 코레일톡에 가입하면 사용 시 혜택을 받을 수 있다.
③ 코레일톡에 자주 쓰는 카드를 등록해 놓고 사용하면 편리하다.
④ 코레일톡의 단점은 1인 편도 한 장만 예매 가능하다는 것이다.

## 129 다음은 유튜브에서 음악이나 동영상을 다운받는 것에 대한 설명이다. 맞는 내용은?

① 유튜브에서 음악이나 영상을 다운받는 것은 무조건 불법이다.
② 유튜브에서 다운받은 영상을 공공장소에서 상영하여도 문제 없다.
③ 스마트폰에서 동영상을 다운받을 수 있는 앱에는 스텔라 브라우저가 있다.
④ 유튜브에 있는 음악이나 영상을 스마트폰에서다운받을 수 있는 방법은 없다.

**130 페이스북 소통의 3요소라고 할 수 없는 것은?**

① 좋아요　② 댓글 달기　③ 공유하기　④ 손 흔들기

**131 다음 중 무료로 나만의 팩스 번호를 가지고 팩스를 주고받을 수 있는 앱의 이름은?**

① 리멤버　② 캠스캐너　③ 캠카드　④ 모바일팩스

**132 다음 중 명함을 스캔해서 내 연락처에 저장하는 기능을 가진 앱은?**

① 캠스캐너　② 캠카드　③ 폴라리스 오피스　④ 포토스캐너

**133 문서 또는 내가 필기한 내용을 스캔해서 PDF로 저장 • 보관 • 관리할 수 있는 앱은?**

① 캠스캐너　② 리멤버　③ 캠카드　④ 바코드스캐너

**134 안드로이드 사용자라면 제한 없이 사용할 수 있고 구글 계정으로 PC와 연동해서 사용할 수 있는 일정 관리 앱은?**

① 구글 캘린더　② 네이버 캘린더　③ 삼성 달력　④ LG 캘린더

**135 모바일 뱅킹 사용법에 대한 설명으로 잘못된 것은?**

① 많은 은행들이 모바일 뱅킹 서비스를 제공하고 있다.
② 카카오뱅크는 카카오톡에서만 사용할 수 있다.
③ 모바일 뱅킹을 사용하려면 공인인증서를 스마트폰 안에 저장하여야 한다.
④ 모바일 뱅킹도 인터넷 뱅킹과 다름없이 편리하게 사용할 수 있다.

**136 다음 중 생활이 편리한 스마트폰 앱 활용법에 해당되지 않는 것은?**

① 무료로 팩스 보내기　② 노래방 기기 앱 활용하기
③ 모바일 뱅킹 사용하기　④ 모바일 앱 개발 툴 퓨즈 사용하기

**137** 다음 중 번역 기능을 제공해주는 앱이 아닌 것은?

① 파파고　② 구글 번역　③ 음성 번역(번역기)　④ 에브리싱

**138** 카카오톡에서 동영상을 보내는 것은 용량이 300MB 이상일 경우 불가능하다. 그럴 때 비디오를 압축해서 보낼 수 있게 해주는 앱은?

① 비디오 다이어트　② 알집　③ 윈집　④ 비디오집

**139** 2019년까지 정부 서비스 민원사무 860가지 이상을 모바일상에서 볼 수 있게 해주는 앱의 이름은?

① 정부민원　② 민원860　③ 정부24　④ 홈택스

**140** 항공권이나 패키지여행 상품 혹은 숙박권을 저가로 구매할 수 있는 앱의 이름은?

① 여기어때　② 배달의민족　③ 땡처리닷컴　④ 다방

**141** 3억 5천 개 이상의 평가를 보유하고 있으며 나의 정보를 제공하면 내게 딱 맞는 영화를 추천해주는 활용성 높은 앱은?

① 왓챠　② 롯데시네마　③ 네이버 영화　④ 토렌트

**142** 스마트폰 카메라에 대한 설명으로 틀린 것은?

① 스마트폰 카메라는 전면 카메라와 후면 카메라 두 개가 있다.
② 셀카를 찍기 위해서는 전면 카메라를 사용한다.
③ 셀카는 '김치', '스마일', '찰칵' 같은 음성을 통해서도 촬영할 수 있다.
④ 전면 카메라는 후면 카메라보다 성능이 좋다.

**143** **다음 중 페이스북 게시물 작성 시 공개 대상 목록에 없는 것은?**

① 나만 보기　② 한국인만　③ 친구만　④ 전체 공개

**144** **다음 중 페이스북 게시물 작성 시 아래쪽 메뉴 항목에 없는 것은?**

① 사진/동영상　② 방송하기　③ 720도 카메라　④ GIF

**145** **스마트폰 카메라 사용법에 대한 설명 중 옳지 않은 것은?**

① 스마트폰 카메라로 동영상 촬영이 가능하다.
② 스마트폰 음성 촬영은 셀카도 찍을 수 있고 후방 카메라에서도 동작한다.
③ 스마트폰 카메라로 동영상 촬영 시 순간순간을 포착하는 연속 사진 촬영도 가능하다.
④ 스마트폰으로 동영상 촬영 시 중간에 멈추면 자동 저장되므로 무조건 끝까지 촬영해야 한다.

**146** **최근 스마트폰 카메라의 성능이 좋아지면서 기능이 많이 추가되었다. 추가된 기능이 아닌 것은?**

① 필터 효과　② 비네팅 효과　③ 뽀샵 성형 효과　④ 듀얼 카메라

**147** **다음 중 카메라나 동영상의 해상도 표시가 잘못된 것은?**

① FHD – 1920 × 1080　② VGA – 1024 × 768
③ HD – 1280 × 720　④ UHD – 3840 × 2160

**148** **다음 중 사진 편집 앱인 포터원더에서 제공하는 편집 기능이 아닌 것은?**

① 성형　② 동영상 찍기　③ 꾸미기　④ 특수효과

**149** **스마트폰으로 사진 촬영 시 초보자가 사용하기 쉽게 화면을 황금분할로 나누어 구도를 잡게 도와주는 기능은?**

① 빠른 실행 ② 음성으로 촬영
③ 손 떨림 보정 ④ 수직/수평 안내선

**150** **구글에서 제작했으며 간단한 메모 및 할 일을 기록하고 검색을 하기에 편리한 앱은?**

① 구글킵 ② S노트 ③ 스프레드시트 ④ 간단노트

**정 답**

| | | | | | | | | | | | | | | |
|---|---|---|---|---|---|---|---|---|---|---|---|---|---|---|
| 101 | 102 | 103 | 104 | 105 | 106 | 107 | 108 | 109 | 110 | 111 | 112 | 113 | 114 | 115 |
| ② | ① | ④ | ③ | ② | ④ | ② | ④ | ③ | ① | ③ | ④ | ③ | ④ | ① |
| 116 | 117 | 118 | 119 | 120 | 121 | 122 | 123 | 124 | 125 | 126 | 127 | 128 | 129 | 130 |
| ④ | ③ | ② | ④ | ④ | ④ | ② | ④ | ① | ④ | ③ | ① | ④ | ③ | ④ |
| 131 | 132 | 133 | 134 | 135 | 136 | 137 | 138 | 139 | 140 | 141 | 142 | 143 | 144 | 145 |
| ④ | ② | ① | ① | ② | ④ | ④ | ① | ③ | ③ | ① | ④ | ② | ③ | ④ |
| 146 | 147 | 148 | 149 | 150 | | | | | | | | | | |
| ③ | ② | ② | ④ | ① | | | | | | | | | | |

MEMO

# MEMO

# 신·중년을 위한 스마트폰 쉽게 배우기

**발 행 일** 2022년 5월 10일 개정판 5쇄 발행
2023년 5월 10일 개정판 6쇄 발행

저자협의 인지생략

**저　　자** 오경순

**발 행 처** 크라운출판사 http://www.crownbook.com

**발 행 인** 李尙原
**신고번호** 제 300-2007-143호
**주　　소** 서울시 종로구 율곡로13길 21
**공 급 처** (02) 765-4787, 1566-5937, (080) 850~5937
**전　　화** (02) 745-0311~3
**팩　　스** (02) 743-2688, 02) 741-3231
**홈페이지** www.crownbook.co.kr
**I S B N** 978-89-406-3625-1 / 13000

**특별판매정가 17,000원**



이 도서의 문의를 편집부(02-6430-7012)로 연락주시면 친절하게 응답해 드립니다.